丛书编委会

丛书顾问：汤贞敏

丛书主编：郑福明　刘景容

丛书副主编（以姓氏笔画为序）：
　　　　　叶平枝　李麦浪　张　琼
　　　　　张　博　蔡黎曼

本书编委

蔡伟红　刘莲珠　丘丽茹　钟少英
林群娣　洪慧丽　高红芳　李爱东
卢　梅　邹燕清　向小燕　吴水青
张育珊

写给爸爸妈妈的教育丛书

写给爸爸妈妈的
教育故事

社 会

主 编：张 博 尤登星
副主编：姚 艺 赵景辉 韩凤梅

广东高等教育出版社
Guangdong Higher Education Press
·广州·

图书在版编目（CIP）数据

写给爸爸妈妈的教育故事．社会／张博，尤登星主编．—广州：广东高等教育出版社，2017.3
（写给爸爸妈妈的教育丛书／郑福明，刘景容主编）
ISBN 978 – 7 – 5361 – 5744 – 6

Ⅰ．①写⋯　Ⅱ．①张⋯　②尤⋯　Ⅲ．①学前教育–家庭教育　②社会科学课–学前教育–教学参考资料　Ⅳ．①G781　②G613.3

中国版本图书馆CIP数据核字（2016）第231372号

广东高等教育出版社出版发行
地址：广州市天河区林和西横路
邮编：510500　电话：（020）87553335
网址：http://www.gdgjs.com.cn
南方医科大学广州广卫印刷厂印刷
787毫米×1 092毫米　16开本　8.75印张　126千字
2017年3月第1版　2017年3月第1次印刷
定价：25.00元
（版权所有，翻印必究）

总　序

　　百年大计，教育为本。学前教育是国民教育的基础，关系着千万幼儿的终身发展。2010年11月，国务院印发《关于当前发展学前教育的若干意见》，将发展学前教育摆在重要位置，立足解决"入园难、入园贵"问题，提出坚持公益性和普惠性，构建覆盖城乡、布局合理的学前教育公共服务体系，为适龄幼儿提供基本的、有质量的学前教育。经过2011—2013年第一期学前教育三年行动计划的实施，各地以多种形式扩大学前教育资源，学前教育学位大幅度增加，"入园难、入园贵"得到有效缓解。2014—2016年，各地积极实施第二期学前教育三年行动计划，绘制公益、普惠、优质的学前教育发展蓝图，重在优化学前教育布局结构，提升学前教育质量水平。2012年10月，教育部印发《3—6岁儿童学习与发展指南》（以下简称《指南》），为提高学前教育质量提供政策指导，并于2013年部署一年一度的学前教育宣传月活动，意在利用多种形式加大《指南》宣传贯彻力度，促进学前教育优质发展。这一系列政策保障和指引，无疑是政府对发展学前教育重视的体现，学前教育科学发展的"春天"可谓正当时。

　　《指南》不局限于为教师提供专业引领，同时也为家长育儿提供科学指引，旨在"指导幼儿园和家庭实施科学的保育和教育，促进幼儿身心全面和谐发展"，"帮助幼儿园教师和家长了解3—6岁幼儿学习与发展的基本规律和特点，建立对幼儿发展的合理期望，实施科学的保育和教育，让幼儿度过快乐而有意义的童年"，为学前教育发展营造科学、宽松、和谐的社会环境。与《指南》同步发行的除了教师读本以外，还有专为家庭设计的家长宣传册，分门别类、简明扼要地为家长总结科学育儿的教育理念精华和适切的教育建议。这说明学前教育的重心正从单纯的幼儿园全权负责向家园合力共育的合理方向转变，家庭教育对学前幼儿健康成长的重要性得到高度关注。

　　《指南》颁布以来，全国各地对《指南》深入解读并积极组织培训，将《指南》所倡导的理念和教育指导建议落实到具体的幼儿保教过程中，取得了显著效果。然而，我们也发现，围绕《指南》的解读和培训主要是面向幼儿园教师，面向家长的培训力度和取得的成效相对薄弱。而作为"幼儿的第一任教师"，家长具有幼儿园教师所不可替代的作用。部分家长的"高期望，低管教"，不仅直接制约幼儿的健康发展，也间接影响到幼儿园的保教活动。许多幼儿园反映，幼儿园保教之所以不能充分地、科学地实施《指南》，主要是受到家长观念和需求的影响。鉴于家长的重要影响力，2012年2月，教育部印发《关于建立中小学幼儿园家长委员会的指导意见》，提出"中小学生和幼儿园儿童健康成长是学校教育和家庭教育的共同目标"，家长委员会要充分参与到学校和幼儿园管理及教育工作中，做好家庭和学校、幼儿园共育的沟通工作。2015年10月，教育部印发《关于加强家庭教育工作的指导意见》，指出了家庭教育在儿童终身教育和发展中所起的重要作用，分析了当前家庭教育中存在的认识不到位、水平不高、重知轻能等一系列问题，要求家长履行家庭教育责任，严格遵循儿童身心发展规律，更新教育观念，掌握科学的教育方法，为儿童提供合适的成长环境，科学育儿，提高家庭教育水平。确实，家庭是儿童教育环境的重要组成部分，家庭教育的优化是教育科学发展的重要环节，儿童的教育是家庭和学校的共同责任。在教育部这两份"指导意见"的指导下，2016年1月，广东省教育厅印发《关于进一步加强中小学幼儿园家长委员会建设的通知》，凸显家长委员会在中小学、幼儿园教育中的重要作用，进一步明晰学校或幼儿园、家长委员会及家长学校的关系，要求规范家长委员会建设，充分发挥家长委员会参与教育的积极作用，学校、幼儿园作为家长学校要对家庭开展科学家教知识宣传工作，形成效益最大化的家校、家园教育合力。

近几年，从国家到地方，各级政府及教育行政部门充分认识到对幼儿实施科学保教需要家园共同努力和通力配合，以各种途径宣传科学育儿的正确理念和方法，为此也制定各项政策以规范幼儿园和家庭教育行为，为提高学前教育质量和水平提供了较为健全的保障。为促进学前教育各项政策措施得到充分贯彻落实，特别是促进《指南》与家庭教育有效融合，广东省教育厅于2015年设立"学前儿童家庭贯彻《3—6岁儿童学习与发展指南》的家长工作策略研究"项目，由广东省教育研究院和华南师范大学组织的学前教育和家庭教育领域专家团队牵头，共同研究《指南》指导家庭教育的有效策略，帮助家庭实现科学育儿。以教育源于生活的原则，研究团队发动全省幼儿园和幼儿家长参与课题研究，征集真实的家庭教育案例，加以专家点评，编辑成"写给爸爸妈妈的教育丛书"，以助广大家长正确理解《指南》精神，提高家庭科学育儿水平。

本套丛书案例来源于真实的家庭教育故事，立于《指南》观念的科学分析，将晦涩的教育理论和概念化的教育方法生活化、趣味化、具体化，降低了家长解读和贯彻《指南》的难度。不难发现，本套丛书呈现出以下三个基本特征。

首先，素材源自家长。家长是儿童成长中的第一任教师，家长的育儿观念和方法影响儿童一生的发展。提升家长科学育儿水平，基于家长真实教育行为的分析最具说服力，也最能引起大部分家长的共鸣。基于这一认识，在广东省教育厅支持下，研究团队在全省各地幼儿园发动家长结合自己的育儿经历撰写教育故事，最终收集到900多个真实的家庭教育案例。依据代表性、典型性和科学性原则，研究团队对所收集的教育故事细致地加以分析和梳理，从中选取出200多个典型家教案例。在此基础上，从家园共育的角度出发，对应于幼儿园中健康、语言、科学、艺术、社会这五个领域的教育内容，研究团队对这些教育故事进行分类，按领域组织权威专家编写成丛书。丛书的每一个篇章均以征集的实际家庭教育故事为素材，这些故事生动、具体、形象，真实体现了家长在家庭教育过程中的经验、遇到的问题和困惑，也展现了家长的方法和感受。这些来自家长的"原汁原味"的故事，更能引起广大家长的共鸣，是平常生活中家庭教育较为普遍存在的案例，对于大部分家庭来说也更具有借鉴意义。

其次，分析源自专家。丛书所选取的家庭教育故事，客观上说，每一个故事都只能体现一个家庭的经验，但所有的故事都不同程度地反映出亲子互动过程中某一方面的本质，对其他家庭有一定借鉴意义。研究团队对每一个故事中家长的经验感受都进行了"故事分析"，力图从教育学、心理学和家庭学等多学科的角度，揭示其中所蕴含的教育原理、存在的教育误区等，以便更多的家长能看出其中的教育"门道"。丛书编撰专家为广东省学前教育、家庭教育领域知名专家，对学前教育的先进理念和实践、国内国际发展趋势及《指南》有透彻的理解和丰富的见解。他们的理论分析和点评紧密结合《指南》，深入浅出，能帮助更多的家长"知其然",更"知其所以然",进而树立正确的儿童观、发展观和教育观。这也是儿童家长提升素质和科学育儿的基础。

最后,感悟源自读者。每一位儿童都是独一无二的个体,每一位家长都有自己独到的理解和能力,每一个家庭都有自己独特的故事。任何一个家庭都不能简单复制或照搬其他家庭的经验和做法,但是,"他山之石,可以攻玉",家庭教育有其自身规律,正如给幼儿多一次锻炼的机会,幼儿就会有多一点的发展一样,作为家长,多一分交流与学习,就会多一分成熟。为此,结合每一篇家庭教育故事及专家分析,丛书提出了与该故事主题相应的"教育建议"。这些"教育建议",立足于幼儿学习"生活化"和"游戏化"的基本特点,列举了一些能够有效帮助和促进幼儿学习与发展的教育途径与方法,为遇到相似情况的家庭提供教育参考和借鉴。但是,没有一种方法能够穷尽所有,没有一条建议能适用所有的家庭,这需要家长根据对孩子的了解做出科学的判断和合理的选择。"知子莫若父",只有父母才最了解自己的孩子,也只有朝夕相处的家庭成员才能最好地彼此了解。只有"适合的才是最好的",这对于家庭教育也同样适用。因此,读者要结合自己的实际,通过"自我反思",通过与其他家长和专业人士的进一步交流探讨,逐渐感悟出最适合自己的教育途径和方法。

"写给爸爸妈妈的教育丛书"是对《指南》的深刻解读,站在家庭尤其是父母的角度做深入的专业分析,是学前教育相关政策得以落地的有力保障。我们寄希望于本套丛书可以最大限度发挥指引功能,于家长有所裨益,轻松"消化"《指南》,营造同心协力、科学育儿的家园共育氛围。德国哲学家雅斯贝尔斯在《什么是教育》一书中写道:"教育的本质意味着一棵树摇动另一棵树,一朵云推动另一朵云,一个灵魂唤醒另一个灵魂。"我们希望这套丛书,能用一个家长的教育故事启迪另一个家长的教育智慧,用一个家长的教育故事促进另一个家长的教育反思,用一个家长的教育故事提升另一个家长的教育素养。通过全体家长的育儿专业成长,使幼儿受益、家庭和谐、民族兴旺。

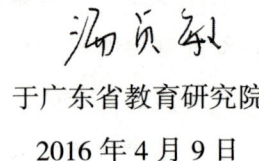

于广东省教育研究院

2016 年 4 月 9 日

有效陪伴,同步成长
——献给爸爸妈妈们

父母将孩子带到这个世界上,都会希望孩子健康、快乐地成长。孩子成长过程中的每一步,都离不开父母的物质、时间和情感的投入。无论贫富,每一位父母都会给自己的孩子各种不同的礼物:或许是一件孩子期盼已久的小玩具,或许是一本精美有趣的图书,或许是一次烛光生日晚会,或许是一趟亲子外出旅行……然而,在所有的礼物中,陪伴却是父母给孩子最好的礼物。

陪伴就是花时间和孩子在一起。没有陪伴,就谈不上家庭教育。陪伴看似简单,但怎样才能有效地陪伴孩子?孩子需要怎样的陪伴?其中有很多值得父母们关注的学问。"写给爸爸妈妈的教育丛书"会给我们带来这样的一些启发。

陪伴:别让它成为孩子的奢望

孩子需要父母的陪伴,这看似理所当然的礼物,却有很多孩子得不到它。由于各种原因,许多孩子从童年开始,就没有得到他们所需要的父母陪伴。据统计,我国有6 100多万留守儿童,占全国儿童的21.88%,其中有近1 000万儿童一年都见不到父母,有1 500多万留守儿童每年与父母联系的次数不超过4次。① 父母的陪伴成了这些留守儿

---

① 全国妇联课题组. 全国农村留守儿童、城乡流动儿童状况研究报告[J]. 中国妇运,2013(6):30-34.

童生命中的奢望！

2016年春节长假结束后的一则新闻，报道了一位母亲与儿子分离时的情景：40多岁的植大姐不得不离开家乡返回工作岗位，但她7岁的孩子峰峰却十分舍不得妈妈离开。临别前，孩子一直拉着妈妈的手不放，嘴里哭喊着"你们不能这样对我"。新闻中，峰峰一直哭号着不肯让妈妈走的举动其实不难理解。对于孩子来说，父母给予的物质上的满足，远不如陪伴更重要。刚刚和父母亲近了几天，却又不得不眼看着父母将自己抛下，外出工作。看着别的孩子平时都有父母的关爱，而自己却只能一年到头盼望这短短的几天和父母团聚。

以上的情形并不只是发生在农村的留守儿童身上。无独有偶，在重庆工作的申先生今年41岁，女儿和妻子生活在成都。6岁的女儿在"爸爸的成绩单"中，给了爸爸60分，其中在"生日不在""玩手机""演出没来看我"等项目上都打了"×"。① 许多城市中的孩子也常会困惑："爸爸去哪了？"

以上两个悲情的故事，不仅是城乡家庭中父母陪伴缺失的缩影，无疑也折射出了孩子对父母陪伴的渴望。孩子缺乏陪伴的情形多种多样：有可能是父母生而不养、由祖辈或保姆代为抚养，也可能是父母因为工作忙碌而极少陪伴孩子，还可能是由于其他原因而过早将孩子送入寄宿制学校。

"世上只有妈妈好，没妈的孩子像根草，离开妈妈的怀抱，幸福哪里找。"这首耳熟能详的歌唱出了很多孩子的心声。大量的实证研究表明，缺乏父母的陪伴、较少得到关爱的幼儿，相对缺乏安全感，其语言能力和同伴交往能力较其他同龄的幼儿弱，长大后与父母的情感也较为淡漠。孩子在童年阶段最需要的是父母的陪伴。著名女作家杨沫的儿子老鬼（本名马波）在回忆母亲时说，从事革命事业的母亲对自己的几

---

① 催泪！6岁女儿只给爸爸打60分 陪伴这考题你能及格吗［N/OL］．临空都市报，2016-02-25. http://cq.cqnews.net/html/2016-02/25/content_36422381.htm.

个孩子都很少陪伴，致使孩子们的成长充满怨尤，生活平添坎坷。自己从小和母亲也缺乏感情，后来还成了一个"崇尚暴力的人"。因此，为了这份亲情，为了孩子的健康成长，无论多忙，父母都要多给孩子一些陪伴。有父母的地方，才是孩子的天堂。

有效陪伴：不仅仅是花时间和孩子在一起

有些父母意识到陪伴孩子的重要性，也会设法每天抽一些时间陪伴在孩子身边，但是孩子并未感觉到他们的存在，因为这些父母"身在曹营心在汉"。在进行家访时，笔者曾发现，在一个家庭中，4岁的儿子在玩积木玩具，爸爸虽然在儿子身旁，却一直在心无旁骛地玩手机。对于儿子偶尔投过来的求助眼神或脸上表露出来的成功喜悦，爸爸完全无动于衷。这种陪伴并不是孩子需要的有效陪伴。

那么，怎样才是有效陪伴呢？

有效陪伴是对孩子的关注。陪伴不只是花时间陪在孩子身边。父母在陪伴孩子的过程中，要及时关注孩子的需要和状况。关注就是给予关心、注意和及时的积极回应。父母给孩子的一个眼神、一个微笑、一个手势、一句赞许、一声安慰、一个拥抱，这些都是回应。孩子有需要时，爸爸也可能马上回应："我没空，找你妈妈去！"这是回应，但却是消极回应。这种消极的回应只会给孩子带来沮丧的感受。当孩子有了父母的陪伴，能得到父母及时的关注和回应，他们心里就知道，如果遇到困难，父母会提供帮助；如果心中有一份喜悦，也能够和父母分享。这样，孩子内心就多了一份舒畅，增添了一份安全感。但是，我们也发现，有些父母会走向另一个极端，他们总是紧紧盯着孩子，生怕孩子遇到什么问题，而当孩子一遇到问题，他们就迫不及待地为孩子解决。这种过度关注，会使孩子产生一种依赖感。因此，有效陪伴不仅仅是关注，更不是简单地满足孩子的要求，它还有更深层次的内涵。

有效陪伴是给孩子思考的机会。每一个个体在成长的过程中，都与周围的人相互依存，同时，又都希望有自己独立的空间。孩子的成长也遵循同样的规律。孩子的快乐，来自父母的肯定和赞赏，更来自自己在探索过程中满足好奇的需要。在幼儿阶段，孩子总是有无穷无尽的"为什么"。有位妈妈给孩子讲《灰姑娘》的绘本故事，讲完之后，孩子问："深夜12点钟，马车等都变回去了，为什么水晶鞋没有变回去呢？"这是妈妈也没有预想到的问题。但是，妈妈很高兴地表扬了孩子，并说："对啊，如果水晶鞋也变回去了，那故事会是怎样的呢？"妈妈接着鼓励孩子改编这个故事。有效的陪伴不是在孩子提出问题时马上给予孩子答案，而是给予孩子更多的思考机会，让孩子在探索中得到自己所希望的快乐。一个快乐的孩子，是一个能自主的孩子，一个学会思考的孩子。

有效陪伴是对孩子的理解。孩子的世界与成人的世界有很大的差异，要有效地陪伴孩子，父母就需要学会蹲下来，从孩子的角度理解孩子的感受和想法。一对夫妇在春节前夕，兴高采烈地拉着5岁女儿的小手逛花市。在人群中刚走了一会儿，孩子便哀怨地向爸爸讨抱。妈妈责怪女儿说："这么大了还要爸爸抱。"而当爸爸蹲下来准备抱孩子时，才发现原来孩子极目所见的并非琳琅满目的鲜花，而是一双双成人的大腿。爸爸愧疚地把女儿举起来，让她坐在自己的肩膀上。女儿终于满面笑容，因为她也像爸爸妈妈一样看到了美丽的鲜花。只有当父母站在孩子的角度时，才能理解孩子的所思所想，不至于在陪伴孩子的过程中错怪了孩子。当孩子看着雨停后的沙坑两眼发亮时，父母该想的是"我要孩子干干净净的"，还是"我要尊重孩子正在拥有对一样事情产生兴趣的快乐"？

陪伴：也是父母成长的过程

孩子在成长过程中不断地发生变化，不仅是身体长高了，随着孩子接触的事物和人越来越多，孩子的心理活动也日渐丰富起来。身为父母的我们会发现，孩子悄然地变得越来越能干。而随着孩子的长大，父母也会不断遇到新的育儿问题，原先的方法可能不再奏效。因此，父母要不断改进自己与孩子沟通、交流的方式和方法。正是在陪伴孩子的过程中，父母与孩子同步成长。

在陪伴中，我们更多地了解自己的孩子。人们只有在相互接触中，才能增进彼此的了解，亲子之间也不例外。也许，当和孩子一起外出旅行时，我们才发现原来孩子很会认路，有很强的空间思维能力；也许，在和孩子一起听完音乐会后，我们才发现孩子可以将听过一遍的乐曲哼唱出来，原来孩子身上还有我们未曾察觉的音乐天赋。在和孩子的交往中，孩子时常给我们带来很多惊喜，彼此有了更多的了解，亲子之间的感情也更加深厚。

在陪伴中，我们学会了更多地欣赏自己的孩子。我们时常觉得孩子弱小、幼稚甚至无能，因此，起初我们什么都为孩子做：喂孩子吃饭，为孩子穿衣，走出户外也总是紧紧拉着孩子的手。孩子想要自己做一件事情时，我们时常用质疑的语气问："你行不行啊？"但是，当孩子渐渐长大，有一天我们放手时，会发现孩子原来完全能够自己吃饭，虽然有时还会掉几颗饭粒在地板上；我们会发现孩子其实自己也能穿衣，只不过偶尔还需要帮助；甚至有一天，我们会发现孩子还能给我们端来一杯清茶……在陪伴孩子的过程中，我们知道原来孩子比我们想象的要能干，我们对孩子的能力也从怀疑变成了欣赏，我们增强了对孩子的信心，自己也收获了很多的快乐。

在陪伴中，我们学会了更好地自我控制。当我们和孩子在一起时，大手拉着小手，小手也拉着大手。我们感受到，自己的言行会影响到子女。而每一位负责任的父母，都希望成为孩子的榜样，成为孩子心目中的偶像。因此，我们可能因为孩子的一个眼神或一句提醒，逐渐摒弃一些陋习，或许是戒掉多年的烟瘾，或许是改掉说话时夹杂不文明用语的习惯，使我们的言行变得更加文明得体。

在陪伴中，我们意识到自己需要不断地学习。没有人天生就是优秀的父母，没有人对任何教育孩子的问题都能给出答案。每一个孩子都是独特的，每一个家庭都有自己的故事。随着孩子的不断成长，原先言听

计从的"乖"孩子开始有了自己的独立意识,有了自己的想法,询问的问题越来越复杂,甚至开始和我们争辩。孩子在成长、在变化,我们也同样需要与时俱进,学习更多的知识,学习更多与子女沟通的方法。

爱孩子,有很多种方式,而陪伴是一种永不过时的爱。有陪伴,才谈得上家庭教育。把这份最珍贵的礼物送给您的孩子吧!每天抽出一小时陪伴孩子,听听他的心里话。和孩子沟通时,多一点轻松和幽默,多一点聆听和鼓励。请父母暂时放下自己的事情,用心去感受孩子的内心,关注并重视他的需要,直到产生心灵的共鸣。陪着他,就在当下,可以是共享一本好书、一部好电影、一顿美食、一个游戏……只有这样,当生活上的伤害或挫折发生时,孩子才能带着家人的鼓励和爱,更有信心去面对,更从容地接受挑战。只有陪伴与爱,才是孩子成长路上最强大的正能量。

"写给爸爸妈妈的教育丛书"荟萃了3—6岁年龄段幼儿的父母陪伴孩子共同成长的真实故事,其中既有父母的育儿困惑,也有对问题的思考和成功经验的分享,此外,还有不同领域的幼儿教育专家基于对这些教育故事的剖析而提出的具体的教育建议。我们希望,书中的教育故事能引起您的共鸣,也希望其中的教育智慧能给您启迪。我们希望能为3—6岁孩子的父母呈上一份家庭教育的礼物,共同为孩子的健康、快乐成长尽一份力。

丛书编者
2016年6月1日

目 录

律己育人，言传身教 \ 1

第一章　用爱呵护孩子成长 \ 8
　　圣诞老人的礼物
　　　　——细心呵护孩子的童真 \ 9
　　爱要大声说出来
　　　　——对孩子说出你的爱 \ 12
　　再买一个妈妈
　　　　——陪伴是最好的爱 \ 15

第二章　满足并指导孩子的人际交往 \ 18
　　默宝变大方了
　　　　——陪伴让孩子不再害羞 \ 19
　　你好，你好
　　　　——帮助孩子克服羞涩 \ 22
　　小怡摔倒了
　　　　——鼓励孩子自信成长 \ 26
　　我们的家庭表演
　　　　——自信让孩子快乐成长 \ 29

MULU

儿子做家务
　　——保护孩子的"赤子之心" \ 33

教女儿叠衣服
　　——放手让孩子自己尝试 \ 36

送玩具回家
　　——让孩子自己收拾玩具 \ 39

再搭一次积木
　　——让孩子学会坚持 \ 43

交换玩具玩
　　——让孩子学会分享 \ 47

我的小白兔
　　——帮助孩子学会分享 \ 50

播种"礼仪豆"
　　——让孩子学会懂礼貌 \ 54

感恩的心
　　——让孩子懂得感恩 \ 57

小乔怎么了
　　——帮助孩子解决与同伴的矛盾 \ 61

扬扬为什么打架
　　——冷静处理孩子与同伴的冲突 \ 65

阳阳不欺负人了
　　——引导孩子与同伴友好相处 \ 68
打人是不对的
　　——温柔对待孩子 \ 72
体验不一样的生活
　　——引导孩子平等地对待差异 \ 75

第三章　在游戏和生活中学会社会适应 \ 78
"睡不着"和"睡得香"
　　——帮孩子平稳度过入园适应期 \ 79
多放七天假
　　——耐心消除孩子的入园焦虑 \ 83
有一颗就行了
　　——孩子不贪心,爸妈很放心 \ 87
咬着毛巾入睡
　　——及时纠正孩子的不良习惯 \ 90
明天再看
　　——让孩子学会等待 \ 94
坏爸爸
　　——给孩子选择的机会 \ 98

小熊该放哪
　　——引导孩子为自己的行为负责 \ 102
不玩手机了
　　——远离电子设备，享受亲子时光 \ 106
我也要画
　　——正确对待孩子的"捣乱"行为 \ 109
把书洗干净
　　——耐心对待孩子的"错误"行为 \ 112
爷爷，对不起
　　——让孩子为自己的错误负责 \ 116

后　　记 \ 119

律己育人，言传身教

社会领域的学习与发展，简单地说就是孩子社会化的过程，包括人际交往和社会适应等方面的学习与发展。这是幼儿个体获得社会生活所必须具备的道德品质、价值观念、行为规范，形成积极的生活态度和行为习惯所必需的学习。社会领域的学习与发展，有助于孩子将来参与社会公共生活和实践，形成相关的社会关系和社会属性，积累社会经验和社会资本，承担社会责任和社会角色，形成交往技能和自我调节能力，等等。

《3—6岁儿童学习与发展指南》（以下简称《指南》）指出，"家庭、幼儿园和社会应共同努力，为幼儿创设温暖、关爱、平等的家庭和集体生活氛围，建立良好的亲子关系、师生关系和同伴关系，让幼儿在积极健康的人际关系中获得安全感和信任感，发展自信和自尊，在良好的社会环境及文化的熏陶中学会遵守规则，形成基本的认同感和归属感"。

一个充满爱、信任、尊重、鼓励、支持的环境直接关系到孩子能否形成积极的自我意识，能否形成对自己、对他人、对社会的积极态度。良好的家庭教育环境会使孩子潜移默化地习得积极的情感和行为。父母对孩子的尊重能使他们产生安全感、信任感，以及家庭归属感。

一、人生百年，立于幼学

孩子的社会人格正处在形成的过程中，所以对外界的影响因素非常敏感。社会领域的学习与发展将决定孩子人格的形成，这是一个社会性和历史性的统一。我国著名的思想家、教育家和文学家梁启超先生，不仅自己博学多才，对子女的家庭教育也十分重视。他以自己超人的智慧、广博的知识和卓越的远见，对子女进行言传和身教。在他的精心培育下，9个子女个个成才。梁启超的至理名言"人生百年，立于幼学"，对当今的家庭教育不无启发。梁启超认为，幼儿阶段是人生的关键阶段，这个阶段给予适当的教育可化石成金、事半功倍。他总是想方设法抽出时间陪孩子们学习和玩耍，以自己的言传身教影响和感染他们。他注重孩子们的精神生活理念，为孩子们的成长营造了良好的氛围。

二、树大不会自然直

尽管孩子的学习与发展是多方面的，但由于受传统教育观念的影响，社会领域的学习与发展往往是最容易忽视的。尽管家庭教育中困扰家长的常常是孩子的社会性发展问题，并且受到家长的重视，但它并不会因此成为家庭教育的重点。幼儿园教育更不会以幼儿社会领域的学习与发展为特色，因为这不会使幼儿园的教育立竿见影，也不会让教师更有成就感。在社会传统观念中，"树大自然直"是人们的基本认知，反映了"重智轻德"的错误观念。为什么会这样呢？在传统教育中，人们普遍认为社会领域的学习是一个随着年龄的增长而自然发展的过程，即所谓的"树大自然直"，认为过多、过早的教育是无益的。

虽然长期以来"重智轻德"的错误观念横行于世，但近年来，国内外的教育工作者越来越重视儿童的社会性发展。早期教育首先是"做人"的教育，"学会做人"是教育的根本。通过教育，使孩子学会做人，是教育最初的也是最基本的愿望。

对孩子进行的社会领域的教育就是"做人"的教育。家长应充分认识到，孩子的社会领域的学习是一个社会互动（或人际互动）的过程，要在社会生活的过程中进行，离开社会生活的、急功近利的想法和做法是行不通的。

三、社会领域学习与发展的特点

幼儿社会领域的学习与发展有其显著的特点。具体表现如下：

第一，幼儿社会领域的学习是一个"既近又远"的学习和发展领域。说它"近"，是因为此领域的学习必须从孩子亲身经历的生活开始；说它"远"，是因为此领域的学习是一个长远的过程。

第二，幼儿社会领域的学习与发展是一个关系复杂的领域。一方面，幼儿社会领域的学习与发展涉及家庭、幼教机构、社会大环境的相互影响，既可能相互促进，也可能相互干扰，甚至会出现相互抵消的局面。

第三，幼儿社会领域的学习与发展不是一个"立竿见影"的过程。也就是说，幼儿社会领域的学习与发展是一个养成教育的过程，是一个长期的过程，一时一事很难看到具体的教育结果，任何急功近利的想法都是无益的。

第四，幼儿社会领域的学习与发展是一个艰苦的过程。一方面，对于幼儿来说，由于受到自身或环境的影响，社会领域的学习与发展可能出现反复、倒退的情况；另一方面，对于家长来说，这方面的教育工作不仅需要有童心、细心，更需要有耐心、恒心。

第五，幼儿社会领域的学习与发展是一个只有在真实的生活中才能真正实现的教育。需要特别强调的是，家庭生活和社会生活实践是幼儿社会领域学习与发展的基本途径。正如《指南》所指出的那样，幼儿的社会性主要是在日常生活和游戏中通过观察和模仿潜移默化地发展起来的，成人应注重自己言行的榜样作用，避免简单、生硬的说教。社会领域的学习与发展不可能脱离一定的社会场域和情景。离开个体的社会关系和实践，任何社会性都是子虚乌有的，社会性发展也将成为一张"空头支票"。

总之，幼儿社会领域的学习与发展是家庭可以全面参与并发挥重要作用的领域，家长和家庭的教育影响无可替代。幼儿社会领域的学习与发展渗透于日常生活的各个环节，寓教育于生活之中。家长必须挖掘日常生活中具有社会教育价值的人、事和物，充分利用每一天的每一个寻常时刻。

四、幼儿社会领域学习与发展的任务与教育要求

《指南》把幼儿社会领域的学习与发展分为两个方面,即人际交往与社会适应。这两个方面实际上是相互联系、不可分割的。孩子在人际交往中学习适应社会,在适应社会的过程中进行着人际交往。人际交往与社会适应不仅是幼儿社会学习的内容,也是其社会学习的基本途径。只有在人际交往的过程中,孩子才可能形成积极的交往态度、基本的交往技能和对人对己的正确认识与态度;也只有在适应社会生活的过程中,孩子才可能了解相应的社会行为规范并习惯它,慢慢地学会遵守它,才可能体会到自己与他人的关系,体会到自己与所在群体的密切关系并形成归属感。

请家长们记住,幼儿是社会中的人,无论是在家庭还是幼儿园,乃至将来在学校、社会,都要与人打交道。孩子的社会性发展如何,决定了其在与人交往中受欢迎的程度。

幼儿社会领域的学习与发展不仅是重要的,其内容也是具体、生动且丰富的,包含亲社会行为教育、人际交往教育、社会规则教育、自我控制、自我管理教育、情感表达教育、意志品质教育等。

《指南》中对幼儿社会领域学习与发展的任务与教育要求如下:

(一)人际交往

目标 1. 愿意与人交往

教育建议:

(1)主动亲近和关心幼儿,经常和他一起游戏或活动,让幼儿感受到与成人交往的快乐,建立亲密的亲子关系、同伴关系和师幼关系。

(2)利用走亲戚、到朋友家做客或有客人来访的时机,鼓励幼儿与他人接触和交谈。

(3)鼓励幼儿参加小朋友的游戏,邀请小朋友到家里玩,感受有朋友一起玩的快乐。

目标 2. 能与同伴友好相处

教育建议:

(1)指导幼儿学习交往的基本规则和技能。当幼儿不知怎样加入同伴游戏,或提出请求不被接受时,建议他拿出玩具邀请大家一起玩;对幼儿与别人分享玩具、图书等行为给予肯定,让他对自己的表现感到高兴和满足。

(2)当幼儿与同伴发生矛盾或冲突时,指导他尝试用协商、交换、轮流玩、合作等方式解决冲突。

(3)利用相关的图书、故事,结合幼儿的交往经验,和他讨论什么样的行为受大家欢迎,想要得到别人的接纳应该怎样做。

(4)结合具体情境,引导幼儿换位思考,学习理解别人。幼儿有争抢玩具等不友好行为时,引导他们想想"假如你是那个小朋友,你有什么感受?"让幼儿学习理解别人的想法和感受。

(5)和幼儿一起谈谈他的好朋友,说说喜欢这个朋友的原因,引导他多发现同伴的优点、长处。

目标 3. 具有自尊、自信、自主的表现

教育建议:

(1)能以平等的态度对待幼儿,使幼儿切实感受到自己被尊重。

(2)对幼儿好的行为表现多给予具体、有针对性的肯定和表扬,让他对自己的优点和长处有所认识并感到满足和自豪。

(3)不要对孩子进行横向比较,更不能拿孩子的不足与其他孩子的优点作比较。

(4)在保证安全的情况下,鼓励幼儿自主决定,独立做事,或提供必要的条件,帮助他实现自己的想法。

(5)与幼儿有关的事情要征求他的意见,即使他的意见与成人不同,也要认真倾听,接受他的合理要求

(6)幼儿自己的事情尽量放手让他自己做,即使做得不够好,也应鼓励并给予一定的指导,让他在做事中树立自尊和自信。

目标 4. 关心尊重他人

教育建议：

（1）家长要以身作则，以尊重、关心的态度对待自己的父母、长辈和其他人。

（2）利用生活机会和角色游戏，帮助幼儿了解与自己关系密切的社会服务机构及其工作，如商场、邮局、医院等，体会这些机构给大家提供的便利和服务，懂得尊重工作人员的劳动，珍惜劳动成果。

（3）引导幼儿学习用平等、接纳和尊重的态度对待与自己不同的意见、观点和想法。

（二）社会适应

目标 1. 喜欢并适应群体生活

教育建议：

（1）经常和幼儿一起参加亲戚、朋友和同事间的聚会以及适合幼儿参加的社区活动，让幼儿体会群体活动的乐趣。

（2）支持幼儿和不同群体的同伴一起游戏，丰富其群体活动的经验。

目标 2. 遵守基本的行为规范

教育建议：

（1）家长要遵守社会行为规则，为幼儿树立良好的榜样。

（2）答应幼儿的事一定要做到，做到诚实守信。

（3）经常和幼儿玩带有规则的游戏，遵守共同约定的游戏规则，帮助幼儿体会规则的重要性，学习自觉遵守规则。

（4）利用实际生活情境和图书故事，向幼儿介绍一些必要的社会行为规则，以及为什么要遵守这些规则。

（5）对幼儿表现出的遵守规则的行为要及时肯定，对违规行为给予纠正。

（6）对幼儿诚实守信的行为要及时肯定。

（7）允许幼儿犯错误，告诉他改了就好。不要打骂幼儿，以免他因害怕惩罚而说谎。

（8）经常给幼儿分配一些力所能及的任务，要求他完成并及时给予表扬，培养他的责任感和认真负责的态度。

目标3. 具有初步的归属感，体验家的责任和温暖

教育建议：

（1）亲切地对待幼儿，关心幼儿，让他感到长辈是可亲、可近、可信赖的，家庭是温暖的。

（2）多和孩子一起游戏、谈笑，尽量在家庭中营造温馨的氛围。

（3）通过和幼儿一起翻阅照片、讲幼儿成长的故事等，让幼儿感受到家庭温暖的同时，对养育自己的人产生感激之情。

（4）和幼儿一起外出游玩，一起看有关的电视节目或画报等；和他们一起收集有关家乡、祖国各地的风景名胜、著名的建筑、独特物产的图片等，在观看和欣赏的过程中激发幼儿的自豪感和热爱之情。

（5）向幼儿介绍反映中国人聪明才智的发明和创造，激发幼儿的民族自豪感。

第一章
用爱呵护孩子成长

◎我们要让孩子在自己的世界里慢慢成长,不要把本该是成年人世界的东西带到孩子的世界里去,更不要用成年人的标准来要求孩子。

◎爱孩子就应该表现出来,让孩子切切实实感受到父母的爱。

◎孩子最需要的,不是更好的玩具、更多的零食,而是父母的陪伴。

圣诞老人的礼物
——细心呵护孩子的童真

故事分享

从3岁开始，女儿每年都会在圣诞节这天收到一份特别的礼物。记得女儿第一次收到圣诞礼物的时候，我指着电视上的圣诞老人告诉她："是这个爷爷送礼物给你。"女儿很奇怪地问："他为什么送礼物给我呀？"我说："因为橦橦是好孩子，圣诞老人喜欢你！他说每年的圣诞节都会给你送礼物。"于是女儿非常期待圣诞节的到来。每年圣诞节快到的时候，女儿总会把她的愿望说上很多遍，生怕圣诞老人不知道她要的是什么礼物。

平安夜的晚上，等女儿睡着之后，我将早已经准备好的礼物拿出来，放在床头柜上的袜子旁边。第二天早上，女儿一醒来就问我："妈妈，圣诞老人昨晚来了吗？"我让她看了看床头柜。小姑娘立刻跳下床，拿起那份期盼已久的礼物，迫不及待地打开，书、手工贴画，还有吃的，全是她喜欢的，女儿那份快乐真的是难以用语言来表达。她一边翻看礼物一边不停地说着："圣诞老人真是太厉害了，他连我想要什么东西都知道！"最后还不忘问我一句："妈妈，你昨晚看见圣诞老人了吗？"我说："没有呀，圣诞老人要等我们都睡着了才会来。"

转眼间女儿六岁了。随着年龄的增长，女儿也对圣诞老人的存在产生了怀疑。今年圣诞节下午放学回家后，女儿问我："妈妈，圣诞老人就是爸爸妈妈假扮的，对吗？"我说："怎么会呢？"女儿："那为什么张安安没有收到圣诞礼物呢？"我摸了摸她的头说："那是因为妈妈经常在心里对圣诞老人说，橦橦是个很可爱的孩子，你每年都要记得给她送礼物哦！张安安的妈妈如果也这样做，那明年她就会收到圣诞礼物了。"

故事分析

故事里的妈妈在每一年的圣诞节精心给女儿准备礼物，用心呵护女儿的圣诞梦，用心保护女儿的童真，让她相信这个世界的美好。

圣诞节是西方的传统节日，近些年在我国也越来越流行。但成年人的圣诞节和孩子的圣诞节有着不一样的意义。对于孩子来说，圣诞节意味着可以收到圣诞老人送来的礼物和快乐。成年人都知道圣诞老人在现实中是不存在的，但大部分孩子却相信世界上真的有圣诞老人。这是因为孩子的心理还不成熟，同时也与孩子的简单、纯真、爱幻想等特质有关。在孩子的心里，圣诞老人是一个美好、温暖的存在。故事中，妈妈告诉女儿，圣诞老人是存在的，并且因为喜欢她所以送礼物给她。这正是在告诉女儿："我们都喜欢你，有很多人喜欢你。"于是，孩子会觉得，除了家人外还有其他人喜欢自己，更加深切地感受到收到礼物的幸福感。

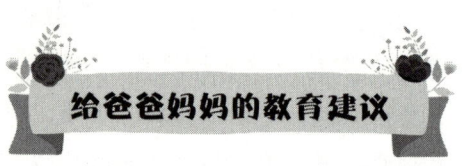

给爸爸妈妈的教育建议

1. **让孩子在自己的世界里慢慢成长** 孩子在年龄较小的时候分不清童话与现实，认为童话里的故事都是真实存在的。孩子的世界小而简单，没有太多的复杂元素。为了让孩子将来在成年人的世界可以更好地生存，我们开始努力教育孩子学习以成年人的方式去思考与做事，过早地离开纯真的童年时代。但是，孩子的世界具有自身的成熟规律，过早地涉足成年人的世界会让孩子过早地丧失自身的天性。童真是孩子最宝贵的品质之一，也是非常容易失去的，需要成年人的细心呵护。因此，我们要让孩子在自己的世界里慢慢成长，不要把本该是成年人世界的东西带到孩子的世界里去，更不要用成年人的标准来要求孩子。

2. **认真对待孩子的提问** 孩子就是"十万个为什么"，他们每天都有很多问题，有时甚至会让父母"烦不胜烦"。对此，父母需要分辨孩子的提问是什么性质的，他是真的想知道答案、想了解知识，还是单纯问问而已，针对不同的情况以及孩子的年龄，给予不同程度和方式的回答：有些问题应该认真、严肃地回答，有些问题可以夸张地回答，有些问题可以简单带过，而对于一些真的很难回答的问题，可以和孩子一起寻找答案。但不管孩子问的是什么问题，即使是看来非常无用、无趣的问题，父母也不应该忽视，哪怕只是点个头，也能表示你在听孩子的提问。

3. 多花心思关心、了解孩子 关心与了解孩子是建立良好亲子关系的前提与基础。父母要想融入孩子的世界，就必须在平时多关注、观察孩子，了解孩子喜欢什么、需要什么。好比送礼物，如果不了解对方喜欢什么，即使送的礼物再好，对方也不一定会开心。对孩子也是如此，给他买再多的东西，如果不是他喜欢的、需要的，孩子只会觉得父母一点儿也不了解自己，不关心自己。

自我反思

1. 你有没有类似的经历？
   _____
   _____

2. 对此你有哪些不同的观点？
   _____
   _____

3. 你有哪些更好的办法来解决类似问题？
   _____
   _____

爱要大声说出来
——对孩子说出你的爱

故事分享

鋆儿活泼开朗，不怕生，喜欢和小朋友玩，自理能力也比较强。我想，这样的他应该很快就能适应幼儿园的生活。

可事实是，鋆儿喜欢幼儿园的劲头只维持了两天。到了第三天，鋆儿就变着法子拖延上学的时间，比如赖床，一再强调自己很累，要多睡一会儿，或是谎称自己不会刷牙、不会穿裤子，等等，以前自己会动手做的事情现在统统"不会做"。就算我们好不容易把他哄到了幼儿园，分别时他也免不了号啕大哭。鋆儿上了幼儿园之后变得特别爱发脾气，也特别爱粘妈妈。我一离开他的视线，他马上大喊大叫。曾经有一段时间，我感到很困惑，虽然我明白他的这些表现是由分离焦虑引起的，却不知道该如何帮助他度过这段时期。

鋆儿平时是由爸爸或爷爷送去幼儿园的。一天早上，我送他上幼儿园，他特别耍性子，满脸泪水，大哭大喊："我不要上幼儿园，妈妈不要上班。"我急着要去上班，眼看时间快来不及了，就有点生气，脸色不好看。看到我不高兴了，鋆儿一边啜泣着一边说："妈妈不要生气，妈妈笑一笑好不好？"霎时间，我惊呆了，鋆儿虽然正在伤心，但他更在乎的还是妈妈啊。我一把抱住他，久久不说话，不停地亲吻着他的小脸，鋆儿的哭声渐渐地低下去了。我对鋆儿说："妈妈爱你，宝宝。即使你在幼儿园里，妈妈也是一样地爱你，想着你！妈妈晚上会接你回家的，放心吧，妈妈永远都爱你！"鋆儿认真地听着，点了点头。我始终不会忘记，当我对他说"妈妈爱你"的时候，他的眼神是多么的奇特，脸上的表情是多么的享受！

故事分析

通常孩子刚上幼儿园时都会出现各种各样的适应问题，比如生活自理能力比较差、不太会与其他小朋友相处、离不开爸爸妈妈等。

故事中的鋆儿虽然性格开朗，自理能力很强，但他在刚上幼儿园时仍然不可避免地出现了分离焦虑以及入园适应问题。但是他并不是不喜欢幼儿园，可是为什么"耍赖"不去幼儿园，而且变得更粘妈妈了呢？原来，鋆儿是担心妈妈把他送到幼儿园就不爱他了，他希望妈妈还是和他上幼儿园之前一样爱他。于是，当妈妈对鋆儿说出"妈妈爱你，宝宝。即使你在幼儿园里，妈妈也是一样的爱你，想着你！妈妈晚上会接你回家的，放心吧，妈妈永远都爱你！"鋆儿听到了妈妈的保证，知道妈妈仍是爱自己的，才安下心来，不再担心、害怕。

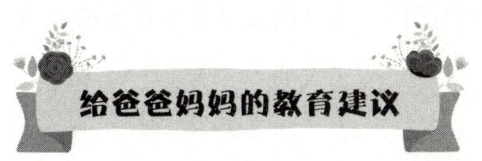
给爸爸妈妈的教育建议

1. **对孩子说出你的爱** 爱孩子就应该表现出来，让孩子切切实实感受到父母的爱。大部分中国人的情感都比较内敛，平时不太会表现出自己的一些情感。也有人认为，有些情感不用表现出来，大家知道就行了。但是，爱需要具体的载体，不管这个载体是语言还是具体的行动，总之，爱需要通过一定的方式表达出来，才能让他人感受到。我们常常说，没有不爱自己孩子的父母。可是，孩子有没有感受到父母的爱？孩子感受到了多少呢？正如儿歌里所唱的"爱我你就亲亲我，爱我你就抱抱我……"所以，不要把爱藏起来，有爱就应该表达，让孩子真实地感受到这份爱。

2. **找出孩子入园不适应的原因** 孩子从熟悉的家庭环境进入到陌生的幼儿园集体环境，出现不适应是非常正常的。父母可以在孩子入园前先做一些准备工作，比如让孩子提前了解幼儿园的人、事和物，增加孩子对幼儿园的好奇心与好感度等。而当孩子出现入园适应问题时，父母应多方面寻找原因，多问问孩子在幼儿园里做的积极的事情，比如"今天和谁交朋友了"；多与老师沟通，了解孩子在幼儿园的具体情况，如饮食是否正常、与其他小朋友相处得如何、参与活动的积极性高不高等；注意孩子在家里的表现，尤其是看有没有出现一些比较反常的行为等，还要特别注意孩子情绪及心理的变化，及时开导。孩子不适应的原因有很多，针对不同的原因，父母应该采取不同的对策。

3. 给孩子足够的安全感 安全需要是人类的基本需求之一。对于脆弱而敏感的孩子来说，熟悉的家人就是他们的保护伞，是他们勇敢前行的保障。进入幼儿园后，家人不能再时刻待在孩子身边，孩子有需要的时候，只能自己来或者请求老师的帮助，而刚上幼儿园的孩子对老师还没有建立足够的信任，因此他们的安全感会大大降低，对上幼儿园产生抵触情绪。这时候，父母需要给孩子足够的安全感，尤其是精神层面的，要让孩子知道父母仍是爱自己的。这样孩子才会慢慢安心，对上幼儿园不再抵触。

自我反思

1. 你有没有类似的经历？

2. 对此你有哪些不同的观点？

3. 你有哪些更好的办法来解决类似问题？

再买一个妈妈
——陪伴是最好的爱

故事分享

儿子诺诺读小班时,幼儿园有一个主题游戏是"逛超市"。晚上,诺诺突然自言自语:"一个妈妈不够,要去超市再买一个回来。"我大惊:"为什么?我这么爱他,他却还要去超市买一个妈妈?"不悦之下,我对孩子开展教育:"宝贝,我们每个人都只有一个妈妈。"他似懂非懂。那天晚上,我脑子里一直在想:"儿子为什么会有这样的念头?是因为儿子觉得我不好,不喜欢我吗?"

第二天晚上临睡前,我搂着诺诺,微笑着轻声问:"宝宝想去超市买一个什么样的妈妈回来呢?买一个会讲故事的妈妈,还是买一个会和你一起做游戏的妈妈?我和你一起去挑好不好?"诺诺哈哈笑着说:"就是再买一个妈妈回来。"接着还用小手指着我补充道:"再买一个你回来。"我忽然明白了一大半,赶紧问:"是不是想再买个一模一样的妈妈回来,可以多点时间陪宝贝玩?"诺诺听了,高兴地大声回答:"是!"我恍然大悟,接着内疚和疼惜油然而生。这段时间单位工作很忙,我经常加班,连续好几天都是爷爷奶奶把诺诺接回家,带他吃完饭、洗完澡了,我才回到家。有时候,甚至在诺爸哄睡了诺诺之后,我才回到家。原来,孩子不是觉得妈妈不好,给他讲故事不够生动,或者妈妈跟他一起做游戏不够好玩,他只是想要妈妈多陪他一点。

从那次之后,我坚持每天早上自己送诺诺上幼儿园,也争取早点下班回家陪他吃饭、帮他洗澡、给他讲睡前故事。等到把诺诺哄睡着了,我再去处理工作。周末我就和爸爸一起带孩子出去玩。现在,再说起去超市买妈妈的故事,上中班的诺诺会笑眯眯地回答:"我的妈妈是最好的妈妈,不用再去买了。"

故事分析

　　在这个故事中,诺诺的一句"一个妈妈不够,要去超市再买一个回来"引发了妈妈的反思:是自己做得不好,孩子不喜欢,所以要再买一个妈妈吗?孩子想要一个什么样的妈妈?在耐心地与孩子沟通后,妈妈才恍然大悟,原来诺诺不是觉得妈妈不好,想要一个更好的妈妈,而是因为妈妈前段时间工作太忙,没什么时间陪他,所以诺诺才想要多一个妈妈来陪他。知道问题所在后,妈妈积极地做出了改变,抽出更多的时间来陪伴孩子,让孩子真实地感受到妈妈的爱。

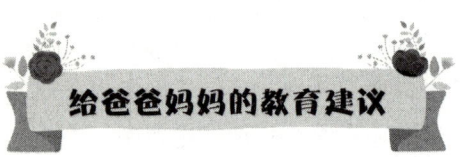
给爸爸妈妈的教育建议

　　1. 父母的陪伴不能缺　　父母都非常爱自己的孩子,想要给孩子更好的生活和更好的未来,于是努力工作,拼命挣钱,却忽视了孩子真正的需要。孩子最需要的,不是更好的玩具、更多的零食,而是父母的陪伴。这些陪伴一旦错过,就没有办法补回来。父母在孩子成长的每一个阶段都不应缺席,否则不仅会对孩子的成长不利,对父母来说也是一种无法弥补的遗憾。在繁忙的工作之余,尽量抽出时间和孩子在一起,哪怕是睡前给孩子讲15分钟故事,和孩子说声"晚安",都能让孩子感受到父母对自己的爱。

　　2. 了解孩子内心的想法与需要　　有的父母认为自己买了很多玩具给孩子玩,而且孩子自己一个人似乎也玩得很好,这样就可以了。其实,给孩子买再多的玩具也抵不上父母陪孩子玩15分钟。孩子更希望爸爸妈妈和他一起玩,骑在爸爸的背上,和爸爸一起踢球;和妈妈一起做手工……也许孩子不会说出来,可是不说并不表示不想、不需要父母的陪伴。父母的一句:"宝贝,你在玩什么?妈妈和你一起玩,好不好?""和爸爸一起去踢足球怎么样?""宝贝,你今天在幼儿园有没有发生什么好玩的事,和爸爸说说。"都会拉近与孩子的距离。而且,和父母一起玩游戏、做运动还可以促进孩子安全感、自信心、社会交往能力等方面的发展。

3. **与自己约定,对孩子承诺** 对于陪伴孩子,很多时候,父母经常是心里想想、嘴上说说,并没有真正重视,工作一忙就会牺牲陪伴孩子的时间。比如这周本来想着至少要有4天哄孩子睡觉、给他讲故事,结果只做了两天,然后觉得工作太忙、太累,算了吧。遇到这样的情况,不妨给自己制订一个明确的要求表、计划表,与孩子商量,了解孩子想要爸爸妈妈怎么做,写明这周、这个月要花多少时间陪孩子、要和孩子一起做什么事,并对孩子做出承诺,坚持执行。"一家人一起制订的计划、对孩子做出的承诺,一定要做到,要给孩子树立榜样。"这样,不仅可以督促自己抽出更多的时间陪孩子,也可以言传身教,教育孩子遵守承诺。

自我反思

1. 你有没有类似的经历?

   _____

   _____

2. 对此你有哪些不同的观点?

   _____

   _____

3. 你有哪些更好的办法来解决类似问题?

   _____

   _____

第二章

满足并指导孩子的人际交往

◎孩子自信心的建立和社会交往能力的获得都不是一蹴而就的,简单的说教并不合适,需要父母慢慢引导孩子适应环境、接触他人。

◎在帮孩子塑造分享、合作等品质时,要循序渐进,持续施教,在反复中让孩子记住并体会到乐趣。

◎孩子有孩子的相处之道和解决问题的方式。

默宝变大方了
——陪伴让孩子不再害羞

故事分享

儿子默宝在家里活泼开朗,可一见到陌生人就不愿开口,上幼儿园之前也不喜欢跟很多小朋友一起玩。曾经,我认为默宝不够自信,希望他能更活泼一点、更合群一点、更阳光一点。我说了他很多次,但没有什么效果。

今年3月,我和先生带默宝回老家。一进门,前来迎接的亲戚、邻居就把默宝吓了一跳:这么多人!默宝觉得很别扭,一个劲儿闹着要走。为此,我很伤脑筋。

在老家待了10多天,每天都有不同的亲戚来串门,邀请我们去吃饭,每顿饭都是十几、二十几人的大餐。习惯了几个人一起安静吃饭的默宝很不适应,总是要求我带他去人少的地方。人太多的时候,他甚至连屋子都不愿进。

刚开始的几天,为了给他安全感,我跟他一起在大街上、菜园里疯玩。老家的院子里有小猫、小狗、小鸡,还有个菜园子。菜园里有青青的韭菜、蒜苗、小白菜,还有茁壮的大葱……不用被强迫与人打招呼,默宝渐渐放得开了,一路上看到小动物就兴奋地主动向小动物打招呼:"小狗你好!""小猫你好!""小鸡你好!""小马你好!"我陪着默宝一起认识菜苗,一起跟小动物打招呼,一起模仿动物的叫声,并对他的变化及时给予鼓励。

等默宝慢慢熟悉环境之后,我开始有意识地带他见一些亲戚。一开始,默宝很不情愿。后来,在我的鼓励和亲戚们的欣赏下,默宝开始跟大家接触,一起玩耍,渐渐放开了。到了要离开的最后几天,默宝还给大家表演了肚皮舞,甚至主动向大家索要掌声……那段时间,默宝像变了一个人,特别自信和大方。

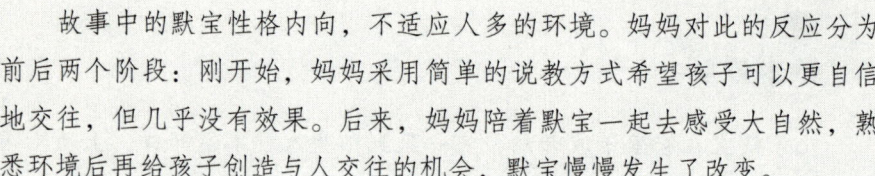

故事分析

　　故事中的默宝性格内向,不适应人多的环境。妈妈对此的反应分为前后两个阶段:刚开始,妈妈采用简单的说教方式希望孩子可以更自信地交往,但几乎没有效果。后来,妈妈陪着默宝一起去感受大自然,熟悉环境后再给孩子创造与人交往的机会,默宝慢慢发生了改变。

　　妈妈最初的说教没有取得效果有两方面原因:一是妈妈认为孩子在人多时害羞是因为不自信,但她没有去深究不自信的原因,所以没有从根源上找到解决的方法;二是孩子的害羞和不愿交流是一种心理障碍,不可能通过简单、生硬的说教来克服,而且妈妈在说教前也没有与孩子进行沟通,了解孩子内心的想法,导致问题解决策略的盲目与无效。

　　后来,妈妈看到了孩子对未知世界充满好奇,陪着孩子一起去欣赏自然风光。在妈妈的陪伴下,默宝非常开心,在这种兴奋状态下,孩子形成某种能力就比较轻松、比较快。接下来,妈妈带着默宝去见亲戚,给孩子创造了与人交往的机会。在妈妈和亲戚的鼓励下,默宝渐渐变得自信了。可见,妈妈对孩子的陪伴才是解决孩子不自信、害羞的关键。

给爸爸妈妈的教育建议

　　1. **正确分析孩子的个性特点,采取适当措施**　　每个孩子的个性特质都存在差异,父母应当正确分析孩子的个性特点,尊重孩子的个性差异,因材施教。例如对性格偏内向的孩子,采取相对温和的措施,给孩子一段适应环境的时间,切不可以强制要求孩子一定要做什么。孩子自信心的建立和社会交往能力的获得都不是一蹴而就的,简单的说教并不合适,需要父母慢慢引导孩子适应环境、接触他人。

2. **多关注、陪伴孩子**　　陪伴能够让孩子获得心理上的自信、安全和愉悦,对孩子的心理健康发展有着至关重要的作用。父母在发现孩子害羞、不愿交往的表现时,应当及时反思自己是否给予孩子足够的关注。陪伴孩子体现在生活中的方方面面,父母还应注意自己对待孩子的态度。有些父母常常对孩子表现出不耐烦的情绪,或对孩子不理不睬,这也是缺少关注的表现。

3. **给予孩子更多的支持**　　当孩子对某件事情产生兴趣时,父母应当予以支持,给予陪伴。一味地制止和否定,会让孩子对自己的行为产生错误认知,从而变得退缩。父母切不可以成年人的角度去看待孩子的行为,对孩子说"这多没意思啊""别看了,这有什么好看的",甚至是"不要试了,你肯定不行"这样的话。不妨将这些话转变成积极的话语:"你在玩什么,我能跟你一起玩吗?""再试试,你肯定行。"不仅要在语言上给予肯定,在行动上也要有所表现,和孩子一起尝试、一起进步。父母的参与和支持是孩子改变自己、迈出第一步的重要保障。

自我反思

1. 你每天陪伴孩子的时间有多少?是否给予了孩子足够的关注?

   _____

   _____

2. 为了更多地陪伴孩子,你准备怎么做?

   _____

   _____

你好，你好
——帮助孩子克服羞涩

故事分享

　　洋洋从3岁开始变得很羞涩，主要表现是不愿意主动与人打招呼。洋洋的妈妈以前常常当着别人的面要求她向人问好，而她却躲在妈妈的身后并拒绝了这一要求。妈妈为此还批评过她，但当再次遇到同样的情况时，结果仍是一样的。

　　于是妈妈改变了策略，遇上熟人时不再强求洋洋打招呼，而是先以洋洋的语气跟对方打招呼。有一次，她们在电梯里遇到比洋洋大的小孩，妈妈就以洋洋的语气跟对方问好："姐姐好！姐姐要去哪里啊！"当妈妈以这种方式与小姐姐打开话匣子以后，洋洋也很快忘掉羞涩，参与到谈话中来。

　　后来再遇到这样的情况，洋洋就会主动地和熟人打招呼，刚开始时声音还很小，但妈妈马上给予了鼓励。再到后来，洋洋越来越自信，声音也越来越大了。

故事分析

　　故事中，洋洋妈妈对于孩子不爱打招呼这一情况，先后采取了两种不同的措施：一是对孩子提出打招呼的要求，要求孩子在遇到熟人时要主动打招呼；二是不强制要求孩子打招呼，而是采取主动示范的方式，让孩子轻松参与进来。强制要求打招呼遭到了洋洋的拒绝，而主动示范交流则让洋洋渐渐地学会交流并主动打招呼。

妈妈当面提出打招呼的要求对洋洋不起作用的原因有三个：一是因为这个要求是强制性的，是站在成年人的立场强加给孩子的；二是因为这种方式简单、生硬，洋洋不能理解打招呼的意义，难以形成基本的认同感；三是因为妈妈在他人面前批评或者过分要求孩子，伤害了洋洋的自尊心，激起逆反心理。

后来洋洋的妈妈改变策略，让洋洋慢慢变得自信，学会了主动打招呼。这是因为：首先，孩子的社会性主要是从日常生活和游戏中通过观察和模仿获得的，妈妈改变以往生硬的说教，采取亲身示范的方式，让洋洋模仿学习。其次，妈妈通过与别的小朋友建立起一个轻松、愉快的对话环境，为洋洋创造了交往的机会，让她体会到交往的乐趣。3岁的孩子正处于获得自主感和自我控制、克服羞怯感和自我疑虑的时期，如果父母对孩子的行为限制适当，给予孩子一定自由，他就会建立起自主性和自我控制的意识；相反，如果父母对孩子限制、批评甚至惩罚过多，就会使孩子感到羞怯，并对自己的能力产生疑虑。洋洋妈妈通过给予洋洋一定的自由，让洋洋渐渐克服羞怯心理，获得自主性。

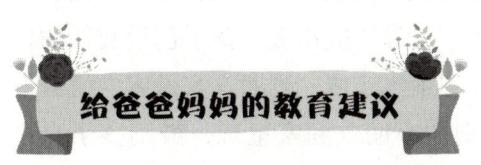

给爸爸妈妈的教育建议

1. 不要简单、生硬地说教 简单、生硬的说教只会让孩子产生逆反心理，民主、平等的方式才容易为孩子所接受。当孩子不愿意打招呼时，父母首先需要了解孩子不愿意打招呼的原因，其中孩子自身的性格特点、场合、他人的情绪状态等都是重要的影响因素，因此，父母不能因为不打招呼而责怪孩子。其次，父母可以让孩子自己判断他的行为是否合适，是否应该以及该如何跟他人打招呼。在打招呼的方式上，对不同性格特点的孩子也应区别对待，比如相对内敛的孩子，父母可以让他用微笑的方式来代替语言表达。

2. 尊重和理解孩子，慢慢引导 羞涩是指一个人在与他人的交往中，过多约束自己的言行，以致无法充分表达自己的情感，阻碍了与他人的正常交流。首先，父母应正视这一行为，明白这是孩子在面临陌生或者不熟悉的环境时的一种自我防御能力。其次，父母应尊重和理解孩子不主动打招呼这一行为，不要随意为孩子贴上"害羞"的标签，更不要说"你怎么这么不懂礼貌"，以免损害孩子自尊心。要求孩子主动打招呼，需要采取循序渐进的方法，慢慢引导，让孩子明白打招呼的意义是什么，才能获得孩子的认同。

3. 做孩子的正面榜样 社会学习理论认为，儿童通过观察学习来获得新行为。父母想要孩子克服羞怯心理，学会主动打招呼，首先就需要自己做出好的表率，能够主动与他人打招呼。在教养孩子的过程中，父母要注意自己的行为举止，和周围人和睦、友爱地相处，优化孩子的社会交往环境，让孩子有学习和模仿的榜样。除此之外，父母还要及时鼓励、赏识孩子好的行为，以提高孩子的自信心。

4. 为孩子创造宽松的交往环境，让孩子体验交往的快乐 首先，父母应为孩子创设温暖、关爱、平等的生活环境，使孩子建立起良好的社会关系，让孩子在积极、健康的人际关系中获得安全感和信任感，从而获得更好的社会性发展。其次，父母还应积极为孩子创设交往的机会，让其体会交往的快乐。比如：利用走亲戚、到朋友家做客的机会鼓励孩子与他人接触、交谈；邀请别的小朋友到家里玩，鼓励孩子自主结伴、自主交往。当孩子获得成功的经验时，自信心自然会增强，也会更乐于与他人交流。

自我反思

1. 你的孩子在社会交往中存在哪些问题？

_____

_____

_____

2. 看了这个故事，你对于培养孩子的自信有什么新的想法？
_____
_____

3. 尝试记录一次孩子主动交往的过程，写下你认为孩子值得表扬与需要改进的地方。
_____
_____
_____

小怡摔倒了
——鼓励孩子自信成长

故事分享

一天,我带着3岁的小怡到学校操场找其他小朋友玩耍。突然,小怡摔倒了。我因心情不佳,随口说了一句:"你就知道哭,不会自己爬起来啊,一点用也没有。"小怡听了我的话,哭得更厉害了。站在旁边的其他小朋友,有的愣着旁观,有的哈哈大笑,有的则用手刮着脸大声说:"没用,只知道哭,羞羞脸,你妈妈都不喜欢你。"没想到,我不经意的一句话,竟产生了如此意想不到的后果。

刚打完篮球在操场边休息的爸爸,听到了小怡的哭声和其他小朋友的嘲笑声,走过来轻声问女儿:"摔疼了吗?勇敢的孩子摔倒了自己爬起来,宝宝最棒了。来,爸爸替你揉揉。"小怡在爸爸的鼓励下站了起来。安慰好女儿后,爸爸又对其他小朋友说:"小朋友们在一起要团结友爱,互相帮助,不要取笑别人。我相信,你们都是些助人为乐的好孩子。"孩子们听了他的话,有的关心地问小怡还疼不疼,有的鼓励小怡说自己摔跤的时候也很勇敢地没哭,有的牵着小怡的手一起去玩。

真没想到,对于孩子,只因教育方法不一样,同一件事竟会产生如此大的反差!女儿本来胆子就小,性格内向,缺乏自信和独立性意识,害怕尝试新鲜事物……带着对女儿的愧疚,我陷入了沉思。

我粗暴、冷漠、训导的教育方式,不仅使女儿处境尴尬、情绪紧张甚至感到恐惧,而且使其他小朋友耳濡目染我的行为,做出了不良的模仿行为,从而更进一步影响、伤害女儿的身心健康。

相反,爸爸对女儿的关心和鼓励表扬,不仅温暖和激励了女儿,还起到了言传身教的榜样作用，从而影响和带动其他小朋友纷纷模仿他的行为，对女儿良好行为习惯的形成、自信心的建立起到了积极的作用。

故事分析

在这个故事中，爸爸和妈妈的两种不同的教育方式形成了鲜明的对比。爸爸的鼓励和表扬明显优于妈妈粗暴、冷漠、训导的教育方式，给孩子的心理感受也完全不一样。

爸爸的安慰和鼓励让小怡感受到了来自爸爸的支持和关心，产生了安全感和信任感，对其他孩子的表扬则让他们从嘲笑小怡转为安慰、关心小怡，给小怡营造了一个温暖、关爱的人际环境，创造了融洽的氛围，保护了小怡的自尊心和自信心。表扬是家庭教育中广泛采用的一种有效的教育方法，运用得当，有助于亲子关系的改善，并能帮助孩子成功克服困难。

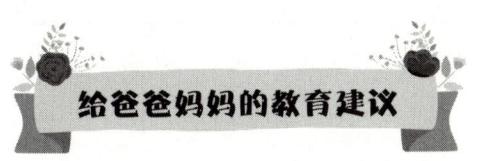

给爸爸妈妈的教育建议

1. **保持自身冷静**　孩子没有义务承担父母的怒火，相反，父母却有义务帮助孩子更好地处理他们所遇到的问题。父母对孩子发泄自己的怒火，会让孩子形成把自身的不良情绪传递给他人的错误习惯，不利于孩子情绪管理能力的健康发展，容易造成孩子性格上的缺失，影响孩子的人际交往。同时，父母粗暴、冷漠、讽刺的方式，会让孩子惊慌失措，胆子变得更小，更加丧失自信。

2. **有效地表扬孩子**　如何表扬孩子才更加有效呢？父母越是能注意并捕捉到孩子的良好行为，然后赞美他们，他们犯的错误就越少。真诚地欣赏孩子是表扬的首要前提。表扬孩子时，表情要丰富。如果父母在表扬孩子时，眼睛望着别处，表情敷衍甚至冷漠，可想而知，无论运用怎样的语言对孩子进行表扬,其教育效果也是消极的。表扬还应具体而明确,对"事"不对"人"。需要注意的是,物质奖励的使用要谨慎,尽量使用表征性奖励。物质奖励确实能够对孩子的行为产生一定的激励作用,但是过度使用物质奖励会产生一些不良影响。比如,会导致孩子物质欲望的膨胀,孩子在本来应该做的事情上与父母讨价还价等。

自我反思

1. 在现实生活中,你的孩子是否遇到过这种情况,你一般都是怎样处理的?现在回想起来觉得是否有不恰当的地方?

   _____
   _____

2. 你经常采取怎样的方式表扬自己的孩子?

   _____
   _____
   _____

我们的家庭表演
——自信让孩子快乐成长

故事分享

女儿恺琳现在在读幼儿园中班,从小性格较为内向,怕见陌生人,在众人面前不敢说话。在女儿刚上小班的时候,为了锻炼女儿的胆量,我提议一家三口轮流表演节目,孩子爸爸也积极响应。女儿虽然有些害羞,但还是愿意尝试。我走到客厅中间,郑重地说:"大家好,我是恺琳的妈妈,我为大家表演一个节目《小燕子》。"我一边唱歌一边做动作。女儿看得很仔细、很开心。爸爸使劲鼓掌并提醒女儿:"恺琳,给妈妈鼓掌呀!"唱完后,我接着报幕:"下面,有请恺琳小朋友为我们表演节目。"女儿有些不好意思,不知道表演什么好。这时,爸爸又鼓励她道:"恺琳,张老师说你在幼儿园唱歌唱得特别好,你那首《小枕头》的歌爸爸妈妈都不会,你教教爸爸妈妈好不好?"女儿得到爸爸的鼓励,开始勇敢地唱起来:"小枕头啊真干净……"听到女儿的歌声,我和爸爸使劲地鼓掌说:"唱得太好了,怎么这么好听啊!"在我们的鼓励声中,女儿自己也哈哈大笑,来了一句:"下面,有请爸爸表演节目了!"直到现在,我们还会进行这样的家庭表演,不仅有唱歌,还有讲故事、猜谜语。

为了培养孩子的自信,我们还进行了多种尝试,如周末或寒暑假,带孩子出去接触更多的人和事。生活中,让女儿自己制订一些计划。此外,在征求女儿意见的基础上,给女儿报了舞蹈班,希望进一步培养她的自信心。我感觉女儿每次上舞蹈课回来都很开心,她会把老师表扬过的动作做给我们看,还教我们跳舞,一副很自豪的样子。虽然在人多的时候，女儿还是有点畏惧，有点胆怯，但比起以前已有很大的进步。我相信，随着年龄的增长，通过女儿的努力，她会越来越自信。

故事分析

故事中的恺琳是个性格比较内向的女孩，不太敢在人前表现自己。爸爸妈妈了解了女儿的性格特点后，虽然希望女儿变得更加勇敢、自信，但他们没有急功近利，没有因为女儿不能勇敢地表现自己就批评女儿，而是鼓励女儿，找到女儿的闪光点（如歌唱得好），及时对女儿进行表扬。他们积极参与到女儿的成长中，和女儿一起在家里表演节目、带女儿出去接触更多的人和事，而不是一味地要求女儿一定要怎么做；他们会结合女儿的意愿帮她报舞蹈班，目的是让女儿能更加自信，而不是要求女儿在舞蹈方面取得多大的成就……在父母的鼓励下，恺琳慢慢变得更加勇敢、更加有自信。

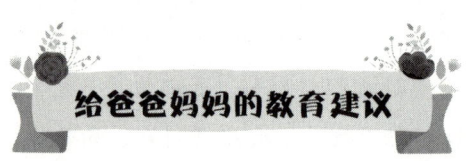

给爸爸妈妈的教育建议

1. **了解自己的孩子**　了解孩子，包括了解他们的性格、兴趣爱好、情绪或者心情、在幼儿园的一些情况（与老师和其他小朋友的相处情况、吃饭情况、活动参与情况等）。父母只有了解自己的孩子，才能在了解的基础上采取相应的方法帮助孩子。同时，了解孩子也是对孩子表达爱的重要方式，会让孩子觉得自己在父母的眼中是重要的。

2. **及时、具体地鼓励孩子**　与批评相比，鼓励是更加正面的教育方式，它的教育效果更好。父母的鼓励会让孩子相信自己是很棒的，从而更加有自信，下次做得更好。但是，鼓励不能仅仅流于形式、泛泛而谈，而是要具体。例如，孩子把自己画的作品拿给父母看，父母却只有一句："宝贝，你画得好好啊！"这样的夸奖并没有什么效果，几次之后甚至会让孩子觉得父母是在敷衍他。可以找到一些具体的点去称赞孩子，比如"宝贝，你这幅画用了红色、蓝色、黄色，不同的地方用了不同的颜色，搭配得非常好。"也可以说："宝贝，你画的苹果看起来非常好吃，很吸引人。"此外，表扬一定要及时，在孩子取得进步或者有好的表现时，及时地给予表扬，会让孩子感受到父母对他的关注和重视。例如，孩子说起他在幼儿园的表演比赛中取得了好成绩，父母应该立刻给予肯定，而不是过了几天才说"爸爸听说你前几天在幼儿园表现很不错……"。

3. **言传身教** 父母的言行举止是孩子观察、模仿的对象。如果父母能够身体力行，孩子也会跟着做。如果父母只是要求孩子怎么做，自己却做不到，那么空洞的要求不仅没有说服力，还可能使孩子产生逆反心理。父母希望孩子做到的事，首先自己应该做到，这样不仅可以给孩子树立良好的榜样，也能增强孩子的动力与信心。

4. **重视父亲的参与** 父亲对孩子的成长不可替代、至关重要。在中国社会，似乎教育、照顾子女是母亲的事，而父亲只要负责挣钱养家就行了。长久以来，父亲在教育与照顾子女方面是缺失的，当然这其中有许多现实因素。现在很多父母都意识到了父亲这个角色对孩子成长的作用。可以说，父亲在孩子的成长过程中有着母亲等其他人无法替代的作用。父亲的参与不仅是孩子对爱的需要，同时也有助于孩子的运动技能、社会交往、安全感等方面的发展。此外，父亲对母亲的态度也可能会影响孩子的自我态度以及婚姻观。如果父亲对母亲是支持的，那么会给孩子传达一种相亲相爱、相互支持的积极氛围，有利于孩子的成长。

自我反思

1. 你有没有类似的经历？

2. 对此你有哪些不同的观点?
   _____
   _____
   _____

3. 你有哪些更好的办法来解决类似问题?
   _____
   _____
   _____

儿子做家务
——保护孩子的"赤子之心"

故事分享

儿子刚刚满3岁,最近我发现他很爱表现自己,什么事情都想动手帮忙。可是孩子爸爸却觉得儿子帮倒忙,嫌他碍事,不让他帮忙。我担心孩子爸爸的这种做法会打击儿子的积极性,阻碍他的动手能力和探索能力的发展,给他的个性发展带来不良的影响。

有一次,吃完晚饭,我和孩子的爸爸在厨房收拾,儿子站在旁边不停地说:"爸爸,爸爸,我也要洗碗。"孩子的爸爸觉得他在旁边碍事,让他去客厅玩。我觉得这是让孩子学习做事的一个机会,于是先把孩子的爸爸请出厨房,再把儿子叫到身边,主动邀请他一起洗碗筷,一起把碗筷放到消毒碗柜里。儿子把碗筷放得很整齐,放完后还问我:"妈妈,我是不是很厉害?我帮你一起干,你是不是轻松多了?"看着孩子认真的眼神,我非常感动,马上表扬了他。

其实如果碗筷没洗干净,我会接着帮他洗第二遍。即使他打碎了碗筷,那又有什么关系呢?和孩子的自信心和责任心的培养相比,孰轻孰重?因此,在日常生活中,只要是儿子能够做的家务,我都会鼓励他独立完成。例如每天洗完澡后,把脏衣物放到固定的位置;每天自己刷牙、穿衣,帮忙擦桌子、拖地等。虽然儿子做得没有大人好,但是他的自信心和动手能力却在做家务的过程中得到了提高。

故事分析

自主性是良好心理素质和健康个性的重要组成部分。不断获得自主性的儿童,其自尊心也会不断发展,从而更加积极主动地探索周围的世界,与环境相互适应,勇于克服困难,思维更具有创新性。由此可见,培养孩子的自主性是多么的重要。

在这个故事中,面对儿子主动洗碗的要求,爸爸和妈妈做出两种不同的反应:爸爸觉得儿子很慢,做不好,会妨碍自己;妈妈则主动邀请儿子帮忙洗碗筷、放碗筷,在请儿子帮忙的过程中培养了他的自主性,增加了儿子的自信心,同时也增进了亲子之间的感情。

爸爸对孩子不信任的态度,对孩子来说是一种伤害,会影响孩子自主性的发展。孩子早期出现的自主性行为可以看作是儿童发展的一个重要里程碑,它反映了儿童建构个人力量感及同一性的心理需要,在不同时期有不同的表现方式。后来,妈妈及时意识到了对孩子独立性、自主性的培养,支持孩子做自己力所能及的事情,就算孩子做得不好,也鼓励孩子,及时给予肯定,让孩子对自己做的事情感到满足和自豪,这样孩子在以后的生活中会形成乐于劳动、主动完成自己力所能及的事情的良好习惯。

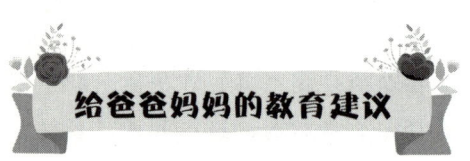

给爸爸妈妈的教育建议

1. **培养孩子的自理能力** 在保证安全的情况下,父母应当支持孩子自己的事情自己做,鼓励并对孩子进行一定的指导,让他树立自尊、自信。如果父母此时抹杀孩子的动手机会,认为孩子还小、做得不好、帮倒忙等,让他去旁边玩,那么等孩子真的习惯了这种状况后,也就错过了自主性发展的最佳时期,到时再想要进行补救是非常困难的。

2. **关注孩子的感受,保护孩子的自尊心和自信心** 在日常生活中,父母要以平等的态度对待孩子,关注孩子的感受,让孩子切实感受到自己被尊重。有的父母觉得自己有支配孩子行为的权利,在行为和谈吐上不考虑孩子的感受,这样会打击孩子的积极性。切记不要拿孩子的不足与其他孩子的优点相比较。因为每个孩子的发展水平是不同的,所处的发展阶段也是不一样的,这种比较是没有意义的。同时,每个孩子的气质、性格不同,有的孩子适合这种比较,榜样的力量会使他进步;有的孩子反感这种比较,过多的比较反而会让他产生逆反心理。父母要多尊重孩子,关注孩子的感受。

3. **鼓励孩子自主决定、独立做事** 父母在处理与孩子有关的事情时要征求孩子的意见,即使孩子的意见与父母不同,也要认真倾听,接受他的合理要求。例如,孩子主动要求帮忙做事时,在保证安全的情况下,父母可以让孩子仔细观察做事情的方法。在孩子力所能及的范围内让孩子独立做事,既能锻炼孩子的生活自理能力,又能增强其自尊心、自信心以及归属感。

1. 你有没有类似的经历?

_____

_____

2. 对此你有哪些不同的观点?

_____

_____

3. 你有哪些更好的办法来解决类似问题?

_____

_____

教女儿叠衣服
——放手让孩子自己尝试

故事分享

晚饭过后,我在房间里整理衣服,3岁的女儿走了过来,奶奶却招呼她:"快来,奶奶这儿有好吃的。"我知道奶奶是怕她进来捣乱,所以故意用吃的引诱她。可我却不这么认为,于是微笑着示意女儿进来,女儿雀跃不已。

看着我叠衣服,女儿也挑出自己的衣服摆弄一番,突然又停下来琢磨了一阵。我微笑着对她说:"看,妈妈角对角地叠,再一抖,就把衣服叠好了。"我边说边整理手头的衣服。女儿似乎理解了我的意思,学着我把衣服的两个袖口叠在一起,还用嗲嗲的声音自言自语道:"角对角……"尽管做的不如说的好,但看得出她是在用心观察和模仿。我鼓励她说:"对,宝宝真棒!会叠衣服啦!"得到我的表扬,女儿干得更起劲了。"妈妈,让我把衣服全都叠整齐,好不好?"

以后的几个晚上,只要我整理衣服,女儿就兴致勃勃地过来凑热闹,慢慢地也叠得有模有样了。奶奶看了,一脸惊喜,还不停地向家里人夸奖她呢!

故事分析

在这个故事中,妈妈引导3岁的女儿自己叠衣服,培养女儿的自理能力和动手能力。尽管女儿一开始叠得并不好,但妈妈认为最重要的是让女儿自己尝试和体验,让女儿独立地做一件事情比事情的结果更加重要。女儿一次比一次做得好,也证明了鼓励和表扬可以让孩子更加自信、做得更好。放手让孩子自己尝试做一些事情并及时给予鼓励,对孩子能力的发展以及自信心的提高都是非常有帮助的。

给爸爸妈妈的教育建议

1. 相信孩子,让孩子自己动手 从两岁开始,孩子的自主意识开始萌芽,他们会想要自己去尝试一些事情甚至掌控一些东西。这个时候,父母如果嫌麻烦或担心孩子做不好,不让孩子自己动手,是不利于孩子自主性及自我肯定意识的发展的。父母应当放手让孩子去做,孩子就算做得不好,就算失败,就算搞得一团糟,也没有关系,因为孩子在这个过程中并非一无所获,他们不仅能体验快乐,也能学到很多东西。父母要做的只是和孩子一起收拾残局,用引导与鼓励来给孩子更多的信心,帮助他们做得越来越好。生活中有很多事情是可以让孩子自己做的,比如穿衣服、吃饭、做一些简单的整理工作,稍大一点的孩子还可以洗袜子、帮忙干简单的家务等。孩子做这些小事情可以培养动手能力,树立"自己能做的自己做""自己的事情自己做"的观念。

2. 和孩子一起做事情,给予适当的指导 有的父母会说:"我也想让孩子自己动手,可是他自己就是做不好怎么办?"是的,孩子做事情的速度的确不快,准确度也不高,做一件非常简单的事情也要花很久的时间,这是因为他们的肌肉、骨骼、协调能力等还处在发展阶段。因此,父母应该让孩子多尝试,孩子才能在一次次的体验与尝试中做得越来越好。在孩子自己尝试的时候,父母可以在一旁观望,必要时给予一定的指导,或者和孩子一起做事情,这样不仅可以帮助孩子更好地完成,也可以促进亲子关系的发展。在父母适当的参与下,孩子会更容易进步。

3. **以孩子的角度去要求孩子** 孩子的能力与成年人不一样，成年人的身体和心理各方面都比孩子成熟，同样的事情成年人做起来自然毫不费劲。可是在很多时候，父母会忽略这一点，常常不自觉地以成年人的标准去要求孩子，责备孩子："怎么连衣服都不会穿？""怎么这么慢？"长此以往，会伤害孩子的自尊心和自信心，让孩子觉得自己很失败，觉得爸爸妈妈不爱他。"我的手很小，无论在什么时候，请不要要求我十全十美；我的腿很短，请慢些走路，以便我能跟上您。""我的眼睛并不像您那样见过世面，请让我自己慢慢地观察一切事物，并希望您不要对我加以过多的限制。"父母应该听听并记住孩子的这些心声，在要求孩子的时候，想想这些要求对一个孩子而言是否合理。

自我反思

1. 你有没有类似的经历？

2. 对此你有哪些不同的观点？

3. 你有哪些更好的办法来解决类似问题？

送玩具回家
——让孩子自己收拾玩具

故事分享

女儿心心的玩具很多,有布绒公仔、汽车、积木、拼图……经常像开玩具店一样铺展开来,满地都是。她一会儿推着小汽车走来走去,一会儿把积木叠得高高的,一会儿把布娃娃排好队,切蛋糕分给娃娃们吃……玩完以后,都是爷爷奶奶帮忙打扫狼藉不堪的"战场"。

一天,心心玩得正不亦乐乎,奶奶喊道:"心心,开饭咯!"心心大声答应道:"哎——"同时放下手上的点读笔,就想朝饭厅跑去。我连忙喊住了她:"心心,等一等。"心心停下了脚步,转过身。

"噢,这是怎么回事啊?"我弯下身子,拉着心心的手说:"心心,你看,你的小汽车、布娃娃、积木在叫你呢。"

心心奇怪地问:"他们在叫什么啊?"

我说:"他们在叫:'心心,送我们回家!'你的玩具们想回家了。"

心心问:"他们的家在哪里呢?"

我说:"你想一想,你是从哪里把他们拿出来一起玩的?"

"噢,我知道啦!"心心欢快地跑到储物箱和五斗柜跟前,用小手指着:"这里,这里,还有这里。"

我说:"嗯,对啦!心心,你肚子饿了要去吃饭,让你的玩具也回家吃饭好吗?"

"好!"心心愉快地大声应道,然后把玩具一个一个地放回到储物箱和五斗柜架子上。还有一些散落的积木、识物卡片、拼图,我教心心先把它们放进盒子里,盖好,再放回架子上。心心很高兴,一边收拾,一边喊道:"回家咯,吃饭咯!"很快,玩具都收拾干净了,我高兴地抱住心心,亲亲她的小脸,说:"你看,玩具们都在说'谢谢心心'。以后心心每次都把玩过的玩具送回家,好不好?""嗯!"心心用力地点头。

从那次开始,心心每次都会主动把玩过的玩具收拾好,放回原位。爷爷奶奶有时想去帮忙,心心还会推开他们说:"公公、阿嫲,我会自己收拾的。"

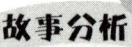

故事分析

故事中的心心每次玩玩具都铺得满地都是,事后也不自己收拾,由爷爷奶奶来帮忙打扫"战场"。面对这样的情况,妈妈想要培养女儿独立做事的品质,于是选择了一种生动有趣的方式,引导女儿自己收拾、整理玩具。

当心心放下手中的点读笔,想立刻朝饭厅跑过去时,妈妈没有放任她这样做,也没有命令她先把玩具收拾好才能吃饭,而是用"你的小汽车、布娃娃、积木在叫你呢"这样一句话吸引了心心的注意力,随后引导心心换位思考:"你肚子饿了要去吃饭,你的玩具也需要回家吃饭。"在整个过程中,妈妈都没有使用任何命令、威胁的语气与动作,而是营造了平等、轻松的交谈气氛,一步步耐心地引导女儿自愿、愉快地把玩具收拾好。对于卡片、拼图等较小的玩具,妈妈则教女儿怎么做,而不是命令或代替女儿去做,让女儿在学会收拾方法的同时也体会到平等相处的交往模式,从而更好地达到教育孩子的目的。

1. **用生动、有趣的方式引导孩子** 我们不喜欢别人用命令、威

胁等方式来要求我们，孩子也不例外。对待孩子，更需要用亲切、奇特、有趣的方式。因此，父母需要了解孩子的兴趣特点，知道用什么方式、讲什么话孩子比较容易接受，减少命令、说教。例如想要孩子自己收拾玩具，父母可以采用玩游戏的方式："你知道积木们的家在哪儿吗？""我们来猜猜看，你能不能把小汽车们安全送到家？"还可以和孩子比赛："我们来比一比谁可以更快把这些积木运回它们的家。"

  2. **让孩子做自己能做的事** 父母应该传达给孩子"自己的事情应该自己做"的观念。让孩子做自己能做的事，不仅可以锻炼孩子的动手能力，促进孩子其他方面的动作发展，也可以锻炼孩子的自立能力，教会孩子负责任。要注意的是，父母可以教孩子怎么做，但不应该替孩子做，这样孩子才可以渐渐摆脱对父母的依赖，对孩子以后的社会生活也有帮助。

  3. **给孩子选择适合、适量的玩具** 父母都希望给孩子最多、最好的，于是尽量满足孩子的要求，想要什么玩具就买什么玩具，也不管家里是不是已经有类似的玩具，或者玩具适不适合孩子。过多的玩具意味着更多的选择，孩子花在选玩具上的时间多了，真正玩玩具的时间就少了。有时很多玩具被孩子丢在一边，根本不怎么玩，造成浪费。有时孩子玩玩这个，玩玩那个，结果什么也没玩到。因此，父母不需要给孩子买过多的玩具，贵的玩具也不见得就是适合的，而是要适量，根据孩子的年龄特点和需要来选择玩具。例如 2~3 岁的孩子，每次玩一两样玩具就够了。一些比较难的玩具，比如几十块拼图、组装类玩具，就不太适合这个年龄段的孩子。

  4. **积极融入孩子的世界，和孩子一起玩** 在游戏活动中，父母除了要给孩子提供游戏材料与环境之外，也应积极融入孩子的游戏，不仅对孩子的游戏活动做出鼓励、肯定的反应，更要适时提供指导，比如引导孩子同样的玩具可以有多种玩法。这样不但能帮助孩子获得更好的发展，也表现出父母对孩子的关注，是建立和谐亲子关系的重要途径。

 自我反思

1. 你有没有类似的经历?
   _____
   _____

2. 对此你有哪些不同的观点?
   _____
   _____

3. 你有哪些更好的办法来解决类似问题?
   _____
   _____

再搭一次积木
——让孩子学会坚持

女儿两岁时,第一次玩搭积木。一开始,我给女儿搭了个简单且具有一定高度的"房子"。女儿很有兴趣,马上拿起积木模仿着一块一块往上叠,但是只叠到第三层,积木就倒下来了。面对这样的挫折,女儿"哇"的一声哭了,同时一把将我搭的"房子"也推倒了。

此后几天,女儿再也不愿玩积木。没想到这样小的打击,会对孩子产生如此大的影响。我决定先培养她的自信心,让她认识自己的能力。我改用一些较大且规则的方形木块,先砌成一条平直的"大路",让她的小车可以在上面"行驶"。接着,我又和她一起搭起两层高的"小桥",慢慢地又从两层变为三层。这次,她玩得很开心。

见女儿对搭积木又有了兴趣,我便试探着问她:"我们一起搭个小房子停汽车,好不好?你来帮助妈妈。""不要,我不会。"一提到"房子",女儿又有点抗拒,看来上次失败的阴影还在。"那你看妈妈搭。"幸好我早有计划。我故意让房子在搭到第三层的时候倒了下来。"哎呀,倒了,妈妈再搭一次。"第二次我故伎重施,并做出无可奈何的样子对女儿说:"没有你的帮助,妈妈又失败了,你帮助妈妈,好吗?"在我的变相鼓励下,女儿终于点了点她的小脑袋说:"好。"在女儿"帮助"我的过程中,我慢慢教会她搭得好、搭得稳的方法。当女儿略有成绩时,我及时表扬她;当女儿砌得不好或倒下来时,我及时鼓励她:"没关系,妈妈的房子也倒了好几次呢!重新再来,下次你准能行!"

两年后的一天,我和已经4岁的女儿一起玩搭积木,看谁搭得高,我搭的积木不幸半途倒下来了。我正惋惜之际，没想到女儿反过来鼓励我："妈妈，没关系，重新再来，下一次你准行！"女儿终于长大了。

故事分析

在这个故事中，妈妈为了让女儿树立用积木搭房子的信心，她做了三方面的努力：第一，激发女儿玩积木的兴趣；第二，假装自己不能顺利搭建房子，向女儿寻求帮助；第三，运用语言策略让女儿掌握搭积木的技巧，从而获得信心。

女儿之所以谈"房"色变，是因为两岁时的一次失败经历，她在失败之后开始怀疑自己的能力，害怕再次尝试。两岁的孩子身心发展尚未健全，缺乏社会经验，因此，在面对挫折时不能正确处理这一问题，会出现失望、逃避、丧失信心等消极心理效应。妈妈并没有因为女儿推翻积木房子这一行为而批评、否定她，因为孩子在自我认知方面是以成人的评价为依据的，如果此时父母否定孩子，那么更加会让孩子认为自己不行、不会做。

在此之后，妈妈打算让女儿重获信心，她首先从激发女儿对积木的兴趣开始，让孩子开始动手尝试，并逐渐认识自己的能力。妈妈在重新激发起女儿对积木的兴趣之后，提出让女儿搭房子，但女儿仍不敢尝试。妈妈没有放弃，也没有强迫女儿，而是让女儿看她玩。在搭房子的过程中，妈妈故意让自己的房子反复倒塌，并重新搭建，给女儿树立了一个良好的榜样，让女儿明白挫折没什么，遇到挫折后我们不能放弃，要挑战它、克服它。随后，妈妈"请求"女儿帮忙，并运用语言策略使女儿掌握搭积木的技巧，认识到自己的能力，重拾信心。克服挫折带来的消极影响是一个循序渐进的过程，不能急于求成。

给爸爸妈妈的教育建议

幼儿期是人格形成的关键期，孩子的抗挫折能力是其健全人格中不可缺少的一部分。对挫折的正确认知是克服挫折的关键。父母要让孩子从小就正确认识挫折、理解挫折，明白挫折在人的一生中是在所难免的，挫折是我们认识自己、提高自己的一个很好的机会，正是失败造就了成功。

1. 让孩子亲身体会　孩子的认知能力较弱，难以通过简单、生硬的说教来让他形成正确的认识，这就需要父母利用生活中的点滴小事，让孩子亲身体会、切身感受。因此，父母应当放手让孩子自己去面对挫折，而不要包办代替。比如孩子摔倒了，父母不要急着去扶，而要鼓励孩子自己站起来，父母要做的是在一旁积极引导，及时鼓励和表扬。

2. 重视榜样的作用　孩子的模仿能力很强，父母要以身作则，为孩子树立良好的榜样。挫折教育不是简单的知识传授，它是一个耳濡目染、循序渐进的过程。父母要为孩子创造一个健康的环境，注意自己的言谈举止、对挫折的态度和反应，以乐观、积极的情绪影响孩子，引导孩子正视挫折，在潜移默化中提高孩子的抗挫折能力。

3. 给予孩子客观评价　每个孩子都有自己的优点和不足，但有的父母只看到孩子的优点，却忽视了孩子的不足，使孩子不能够正确认识自己的不足之处，孩子遇到挫折时就很容易产生消极的情绪，不能很好地接受与认识挫折。因此，父母要对孩子给予客观的评价，肯定优点，指出不足，让孩子朝着合适的目标前进。正确认识自己，有利于孩子在尝试某件事情时，能够对结果有一定的心理准备，即使失败也能够积极面对，调整好自己的心态。

4. 创造机会，体验成功　孩子的活动范围非常有限，许多现实社会中的困难很难遇到，这就需要父母创设挫折情境。可以选择孩子喜欢的游戏形式，比如让孩子和父母一起进行角色游戏，让孩子体会挫折，

并让孩子试着找出受挫的原因以及解决的方法。在这个过程中，父母要尽可能让孩子自己解决问题。孩子在这种体验挫折、克服挫折的过程中获得成功后，能够建立自信心，加深对自我的认识，变得更加坚强。

1. 你的孩子在遇到挫折时有什么反应？你当时是怎么做的？（请举例说明）

_____

_____

_____

2. 看了这个故事后，你对自己以往的做法有哪些反思？

_____

_____

_____

交换玩具玩
——让孩子学会分享

女儿璐璐现在已经3岁两个月了。璐璐对自己的东西有很强的占有欲和保护欲,有时候别人拿一下她的东西,她就不开心。我一直想找机会教她学会分享。

有一天,我带着璐璐去玩滑板车,遇上了经常和她一起玩的小朋友婷婷。婷婷很喜欢璐璐的滑板车,一直拽着车把不松手。璐璐立刻哭了起来,边哭边喊:"这是我的,是爸爸给我买的滑板车,你不能玩……"看到这种情况,我觉得正是教她分享的好时机,于是走过去安慰璐璐不哭,然后劝婷婷先放开车,待会儿璐璐会让她骑滑板车的。婷婷松手后,璐璐慢慢地不哭了。

等璐璐心情平静下来后,我试着跟她讲道理:"璐璐,爸爸知道你很喜欢自己的滑板车,你也骑了很长时间了,有没有感觉到累呀?"璐璐没说话,只是点了点头。

我接着问:"那你看看婷婷的小自行车,你喜不喜欢呀?"

璐璐回答:"喜欢。"

我又问:"那你想不想骑婷婷的自行车呀?"

璐璐说:"想。"

我耐心地引导她:"如果婷婷和你一样,不让别人玩自己的东西,你就不能骑她的自行车了。如果你让她骑你的滑板车,她也会让你骑她的自行车,你们就可以玩两样玩具了,这就是分享。"璐璐似懂非懂地点了点头。

我:"那现在你和婷婷商量一下,用你的滑板车去换她的自行车玩,玩一会儿再交换。"

璐璐主动去和婷婷商量,把两人的车交换着玩。两个人你骑一会儿滑板车,我骑一会儿自行车,或者你骑一会儿自行车,我骑一会儿滑板车,互相追逐着,一晚上都玩得很开心。

回家的路上,璐璐说:"明天我还要这样玩,还要和其他的小朋友一起交换着玩。"

故事分析

在这个故事中,璐璐经历了两个阶段:第一个阶段是在游戏过程中不愿意与人分享,无法和小朋友友好相处。这是因为她没有形成分享的习惯,也不知道具体该如何与小朋友分享。第二个阶段是在爸爸的引导下换位思考,处理好自己和同伴在游戏过程中的冲突。

璐璐的爸爸在这个故事中先是扮演了协商者的角色,当两个孩子都想玩同一个玩具,并争执不下时,他把双方分开,不让她们打起来;接着扮演了引导者的角色,没有采取粗暴的方式对待女儿,而是对女儿进行安抚,耐心地和女儿交谈,引导女儿选择解决问题的方法——转换情绪,换位思考,把自己的玩具分享给对方,邀请对方和自己一起玩。可能孩子并没有真正明白分享的含义,可是却能马上明白交换着玩比独自玩要好玩,这是学会分享的前提。

给爸爸妈妈的教育建议

分享、合作、团结是现代人需要具备的品质。这些品质的形成需要父母的引导。父母应该帮助孩子自己领悟并发展这些品质。

1. 不指责,不打骂 指责和打骂是非常不明智、不可取的方式。在家庭中,父母是孩子的直接教导者和影响者。父母的行为习惯、思维习惯会对孩子形成潜移默化的影响，一言一行都会成为孩子学习模仿的对象。因此，当孩子与同伴起冲突时，父母应指导他尝试用协商、交换、轮流玩、合作等方式解决问题，而不是打骂和指责。

2. 循序渐进，持续施教 当父母意识到问题出现时，应该找准时机，针对事情，妥善、温和地处理。在帮孩子塑造分享、合作等品质时，要循序渐进，例如先学会"交换"，再学会"分享"，同时应注意长久性，不能认为只要教育一次就好，应该持续施教，在反复中让孩子记住并体会到乐趣。对孩子与别人分享玩具等的行为要给予肯定，让他对自己的表现感到高兴和满足。

3. 及时肯定与讨论孩子的分享行为 当孩子朝着我们所期望的方向发展时，父母应及时给予具体的表扬和诚挚的肯定，让孩子明白究竟是什么行为获得了称赞。可以利用相关的玩具、故事，结合孩子的交往经验，和他讨论什么样的行为受大家欢迎，想要得到别人的接纳该怎么做。例如故事中，璐璐的爸爸可以在女儿与其他小朋友交换玩具之后，就玩得非常开心这一点和女儿进行讨论，引导她明白类似这样的分享、交换行为会得到别人的欣赏，别的小朋友也会乐意和她玩。

4. 多参与孩子的游戏活动，在游戏中给予合适的指导 游戏是出现合作、分享等行为最为频繁的活动，孩子在这一过程中有很多机会体验分享、合作的乐趣。然而，有的时候孩子却不清楚何时该分享、合作，这就需要父母的指导和鼓励。而父母也只有融入孩子的游戏之中，才能够真正了解孩子的游戏内容和心理状态，对孩子进行适宜的引导。

自我反思

1. 你的孩子愿意与伙伴分享吗？具体有哪些表现？

   _____

   _____

2. 你对于培养孩子的分享行为有哪些更好的办法？

   _____

   _____

我的小白兔
——帮助孩子学会分享

故事分享

女儿晴3岁10个月,在"分享"这方面表现不太好。比如上个周末,姑姑带了女儿言过来找晴玩,两个小妞儿一见面就玩得很开心,于是大人们忙自己的事情,没有管她们。

突然,传来女儿一声大喊,接着便听到一片哭声、喊声。原来两人为一个小白兔玩具争抢了起来。言拉着小白兔的腿,晴拉着小白兔的胳膊,都大声喊着:"是我的,是我的!"这时,婆婆走过去劝说了一番,可两人谁都不听,继续用力抢。

这时,我走过去,蹲下来对晴说:"你们一人扯小白兔的腿,一人扯小白兔的胳膊,小白兔快被你们扯断了。"晴下意识地松开了手。这时言抢到了小白兔,晴则放声大哭起来。我知道晴特别喜欢这个玩具,于是对她说:"妈妈看得出来,你现在觉得委屈,是因为你最喜欢的玩具被别人抢了。我猜,你是想要妹妹不拿你的小白兔玩,对吗?"晴点了点头,哭得更厉害了。

我顺势上去拥抱她,让她平复心情,然后对她说:"你的小白兔很可爱,看来妹妹也很喜欢你的小白兔,如果我们把它抢回来,言也会像你一样伤心,我们能想出一个让你俩都不伤心的办法吗?"晴摇了摇头,显得很焦急。于是我给女儿提供了两个选择:"你是用其他玩具和言交换,还是和言一起玩小白兔呢?"晴问道:"怎样一起玩?"我说:"你看,小白兔脏了,我们来给小白兔洗澡,言给它脱衣服,你给它洗澡,好吗?"两人一听觉得挺有趣的,齐声说:"好啊!"于是,两人又玩到一块去了。一场"风波"就这样平息了。

故事分析

故事中，女儿和妹妹争抢小兔子互不退让的时候，妈妈采取了一系列循序渐进的方式去解决孩子争抢玩具的冲突。妈妈做的第一件事情不是责备孩子，也不是要求女儿把兔子让给妹妹，而是和孩子们说"兔子要被你们扯断了"。妈妈抓住女儿很爱小兔子这一心理，成功地让女儿松手，不但能避免让两个孩子的情绪变得更糟，还有利于打破僵局，为进一步解决问题赢得时机。女儿松手后，马上哭了起来，妈妈此时并没有责骂女儿："这点小事，有什么好哭的！妹妹是客人，你应该让妹妹。等妹妹走了，你想玩多久就玩多久。"而是先对女儿此刻的情绪表示理解，建立共情，接着抱着女儿让她平复情绪，然后再和女儿讨论可以怎么做。最后，妈妈没有偏袒任何一方，她建议女儿和妹妹一起给小兔子洗澡，这样两个人都可以玩到小兔子，孩子们也欣然同意。

按照皮亚杰的品德发展阶段理论，儿童的这个年龄阶段是"自我中心阶段"。这个时期的儿童由于受到认知的局限和思维发展水平的影响，还不能理解成人或周围环境对他们的要求，因此他们的行为常常会表现出"我行我素"和"自我中心"，不能换位思考。对这一阶段的孩子，父母不能指责他们，强迫他们按照成人的思维做事，而是要理解孩子，以认真、耐心、细致的具体指导为主，给孩子一点时间，让孩子学会理解他人，学会换位思考。

给爸爸妈妈的教育建议

1. 先让孩子自己解决冲突　孩子与其他人发生冲突的时候，不要先想着批评孩子。首先，冲突的起源不一定是孩子的错，如果父母不先弄清楚情况就责备自己的孩子，不仅不能让孩子信服，还会让孩子对父母产生反感。其次，事情原本也许没什么大不了的，父母一插手反而把事情严重化了。既然冲突已经发生了，那么重点应该是怎么解决，批评、责备孩子并不会有助于事情的良好解决。父母可以试着先让孩子们自己解决，也许他们有自己的解决办法。

2. 公平地对待孩子 不是所有的情况都得大孩子让着小孩子。对孩子来说，很多时候割舍自己心爱的东西会让他们非常难过。父母不应要求孩子无条件地礼让和忍让，应该公平地对待孩子，允许哥哥姐姐有不想把自己心爱的玩具让给弟弟妹妹的时候，要让孩子知道，虽然哥哥姐姐应该多照顾弟弟妹妹，但哥哥姐姐不是要无条件地让着弟弟妹妹。父母要让孩子知道他们在爸爸妈妈的心目中是同等重要的。孩子不愿意分享，主要有三个原因：第一，物品不充足；第二，处于自我概念的形成与建立阶段；第三，没有分享的榜样。所以，要想帮助孩子学会分享，还得找准原因，对症下药。

3. 理解和接纳孩子的情绪 每个人都有自己的情绪和感受，也都希望自己的情绪能够被他人理解和接纳，孩子更是如此。在孩子伤心难过、情绪低落的时候，父母应该及时注意到孩子的情绪，而不是只顾着评论孩子行为的对错和好坏，也不要在这个时候和孩子讲道理，那样只会让孩子的情绪变得更糟。父母要做的是先倾听并认同孩子的感受，不管孩子的感受是积极的还是消极的。成人和孩子是相互独立的个体，有不同的感觉系统，有各自的真实感受。感受没有对错之分，每个人的感受都应该被接纳与认同，因此，父母不要以自己的阅历与经验去否定孩子的感受，更不要想当然地认为孩子的感受必须和父母一样。只有让孩子真实的情绪得到抒发并被接纳了，才能有效地进行下一个教育步骤。

4. 为孩子提供适当的帮助 孩子解决问题的经验和能力有限，有些问题可能无法独立地解决，需要父母的帮助。父母可以根据具体情境，给孩子提供一些参考意见和选择，引导孩子自己尝试解决，也可以和孩子一起想办法。孩子参与解决整个问题的过程，可以锻炼自己解决问题的能力。

自我反思

1. 你有没有类似的经历?

2. 对此你有哪些不同的观点?

3. 你有哪些更好的办法来解决类似问题?

播种"礼仪豆"
——让孩子学会懂礼貌

故事分享

周末,儿子比爸爸起得早时,我就请他帮忙催爸爸起床。儿子学着我说:"爸爸起床喽!我们都起床啦!太阳晒屁股喽!"爸爸起床了,我很开心地对儿子说:"谢谢你把爸爸叫起来了,谢谢!"这时,儿子很有成就感,因为他帮妈妈做事了。

平时我也常常请儿子帮我丢垃圾、拿手机、递纸巾、放鞋子……在让他做事时,我会很认真地说:"请帮我……好吗?""谢谢。"在我帮他穿衣服、盛饭、洗衣服的时候,我也强调他要对我说:"谢谢妈妈。"时间久了,他就认识到了别人帮自己做事要道谢,自己帮妈妈做事也可以得到妈妈的感谢。

另外,我也通过一些动画片或者报刊教育儿子要懂礼貌。例如:有一则故事是讲一个小朋友在公交车上吃冰淇淋,结果司机一刹车,冰淇淋弄到别人的衣服上了,小朋友自己也弄得满脸都是,小朋友的妈妈开始教育孩子……我趁机问儿子:"泽泽,你觉得那个小朋友做得对吗?他的妈妈说的是什么意思呢?"儿子似乎有所明白,他说:"那个小朋友做得不对,坐车不能吃东西。"此后,他坐公交车看到别人吃东西时,会悄悄地跟我说:"妈妈,那个大哥哥不对,他在吃东西。"我肯定地回答他:"是的,在车上吃东西既不文明也不安全。你说得很对,坚决不在车上吃东西。"就这样,诸如不能乱丢垃圾、在公共场所不能大喊大叫、不随便拿别人的东西、过马路要注意看红绿灯和走斑马线等道理,我都通过日常生活中的小事、报刊或视频来教育儿子,让儿子知晓其中的道理并运用到日常生活中。

故事分析

在这个故事中,妈妈不是用生硬、空洞的说教来教育孩子懂礼貌,而是通过多种方式,在看似简单的日常生活中潜移默化地教育孩子。例如在日常生活中,有意识地请孩子帮自己做一些力所能及的事情,比如叫爸爸起床、丢垃圾、递纸巾等,并在请孩子帮忙时坚持使用礼貌用语"请帮我……""谢谢",而在自己帮儿子做事情时,也会要求儿子说"谢谢妈妈",用这种榜样示范的方式在儿子的心理和行为上播下"礼仪豆"。此外,妈妈还抓住生活中的教育时机,或借助报纸、杂志、视频,用别人的故事教育自己的孩子,让孩子从他人的行为中判断是非,学习正确的礼仪。妈妈的教育方式无疑收到了很好的效果,孩子从中学到不少礼仪,并会运用到生活中去。

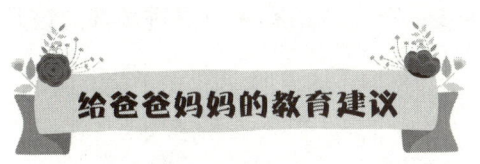

给爸爸妈妈的教育建议

1. 在生活中进行教育 教育不是空洞的说教,对孩子说一百遍"要讲礼貌"都不如一次切实的行动有效。生活中有很多教育的良机,父母可以仔细观察孩子在生活中的言行举止,具体地说出孩子好与不好的表现,然后告诉孩子你希望他怎么做;也可以引导孩子观察周围人们的行为,结合具体情境,告诉孩子什么行为是正确的、什么行为是不被允许的。道德规范的教育,要注意知、情、意的统一,也就是不仅要注重道德知识的传授,还要重视道德情感的培养与道德行为的实践。

2. 给孩子树立良好的榜样 身教重于言传。父母是孩子学习的对象,父母的言行举止,不论好与不好,孩子都可能会模仿。尤其是年龄较小的孩子,他们喜欢模仿,却不太能分辨是非对错。因此,父母应当注意自己的言行举止,给孩子树立正面的榜样。例如,以尊重、礼貌的态度对待自己的父母、长辈、孩子和其他人,坐车时主动给老人让座,经常说"谢谢""请""不客气"等礼貌用语。

3. 借助故事、图书、视频、游戏等进行教育 很多时候，把想要孩子知道的事情、道理等用讲故事的方式告诉孩子，孩子会更容易接受。父母可以巧妙地进行焦点转移，把在孩子身上发生的事情嫁接到故事中去，或者根据孩子的具体行为创编相应的故事，让孩子以局外人的视角去分析故事，体会其中的道理。这样孩子不会觉得父母是在说自己，也就不会抗拒。也可以和孩子一起看他喜欢的图画书、动画片，尽量不落痕迹地给孩子分析，或是表扬其中好的行为等。此外，还可以和孩子一起玩游戏，把正确的观念和行为渗透到游戏中，其中"角色扮演"游戏就是一个很好的方式。

4. 看到孩子一点一滴的进步 教育孩子不能着急，不是今天教育孩子要懂礼貌，明天他就能变成一个懂礼貌的孩子。孩子的教育不是一蹴而就的，而是潜移默化、慢慢养成的，需要父母付出时间和耐心。父母要沉得住气，相信孩子会慢慢进步，孩子哪怕有一点点进步都应该及时表扬，不做过度要求。

自我反思

1. 你有没有类似的经历？
   _____
   _____

2. 对此你有哪些不同的观点？
   _____
   _____

3. 你有哪些更好的办法来解决类似问题？
   _____
   _____

感恩的心
——让孩子懂得感恩

故事分享

2岁半的果果是一个懂事的女孩,她非常关心、体贴父母和家人。每次吃饭时,她总要先夹菜到每个人碗里,最后才轮到自己。她边夹边说:"妈妈,我给你夹菜,你吃吧。"虽然她用筷子还不太利落,夹的菜也经常会掉到桌上,但我们每次都会很配合地去接她给我们夹的菜,并不会因为她会将桌子弄脏而责怪她,反而向她竖起大拇指,说:"果果很棒,知道先人后己,也知道关心他人,很不错哦!继续努力,你爱爸爸妈妈,爸爸妈妈也爱你。"随后大人也会纷纷夹菜给她,彼此享受着相互关心所带来的愉悦。

有时果果看到我拿着杯子朝厨房走,马上会接过我的杯子,说:"妈妈,我给你倒吧!"为了孩子的安全,我们家的水壶放得很高,她根本够不着水壶。但为了鼓励和支持她,我会蹲下来,把杯子递给她,摸摸她的头说:"谢谢果果,那我帮你拿水壶吧!"于是她跟着我来到厨房,我将水壶递给她,并和她一起握着水壶把往杯里倒水,然后她又把水杯递给我:"妈妈,请喝水,我给你倒的。"听着她稚嫩的声音,我觉得非常开心。

有一次,我在喝水的时候突然呛了一下,咳了几声,果果马上在我后背上拍了拍,说:"妈妈,拍拍就好了。"当时我内心甜滋滋的,说:"谢谢果果,妈妈没事。"果果继续拍着说:"妈妈咳嗽了,我给你拍拍就不咳了,每次果果咳嗽的时候外婆都给我拍拍。"我这才恍然大悟,一把抱起果果:"有果果真好!果果会心疼妈妈了。"

故事分析

　　家庭教育不仅要培养孩子形成良好的行为习惯，还要塑造其具备优秀的道德品质。其中，让孩子学会感恩是很重要的一个方面。

　　故事中的果果是个懂得感恩的孩子，这在很大程度上归功于父母对她的教育。果果的父母在孩子做出感恩行为时采取了三种方式回应：第一，及时鼓励和表扬。果果在出现利他行为时，她的父母以支持和鼓励的方式来回应她，让她知道这个行为是正确的。果果在这个过程中得到了积极回应，会获得一种愉悦的感觉和满足感，更加乐意为之。第二，给予积极的回应。果果的父母积极配合果果尝试帮助他人的行为，没有因为她做不好而指责她，给了她独立做事的机会，而不是剥夺她的权利，这有利于培养果果的独立自主能力。第三，相互关心。感恩是一种双向的情感流动，果果的父母在果果给他们夹菜以后，对她表达了"你爱我们，我们爱你"的情感，也夹菜给她，这就是一种双方的情感交互，能够让果果获得内心的满足和心理的平衡。果果父母的这些行为都在一定程度上让果果学会了感恩，学会了关心他人。此外，孩子的模仿能力很强，家庭环境、父母的行为都会影响孩子道德品质的养成。例如，外婆给咳嗽的果果拍背的行为就成了果果模仿的对象。可见，父母树立良好的榜样作用是十分重要的。

给爸爸妈妈的教育建议

　　家庭与孩子的成长息息相关，父母是孩子的第一任老师，对孩子品质养成的影响是深远的。所以，父母要提高自我修养，注重对孩子道德品质的培养。

　　1. 给予孩子体验感恩的机会　父母与孩子的亲密关系，给了父母许多教育孩子的机会。父母可以把对孩子的道德教育渗透到生活中，通过生活中的点滴小事来启发和引导孩子，让孩子有更多体验生活、体验感恩的机会，在亲身体会中获得更深刻的理解，从而形成正确的感恩意识。父母还要注意观察，一旦发现孩子的感恩行为，就要给予相应的支持和配合。

2. **父母的榜样作用不容忽视**　道德的形成不是一蹴而就的，道德教育具有养成性特点。父母对孩子的道德教育应该是一个潜移默化的过程。孩子的模仿和学习能力很强，父母的言行举止会对其产生很大的影响。因此父母应该注意自己的言行。"言传不如身教"，父母希望孩子有一颗感恩的心，自己首先要懂得感恩：感谢孩子带来的快乐，感谢孩子做出的感恩行为，感谢同事的帮助，感谢父母的关心爱护。当父母能够时时表现出关爱和感恩时，孩子自然而然也能够懂得感恩。

3. **及时回应和肯定孩子的感恩行为**　感恩教育不应仅停留在意识阶段，而要落实到孩子的行为当中。当孩子学会了感恩之后，父母需要对他的每次感恩行为做出积极的回应，可以表达自己对孩子的爱，也可以对孩子的行为予以回报，从而与孩子形成一种情感交互，让孩子获得愉悦和满足感。父母在对孩子的行为进行肯定时，不能随意敷衍孩子。

4. **把握感恩的度**　首先，父母应该帮助孩子树立正确的感恩意识，让孩子知道什么是感恩、为什么要感恩。感恩是对他人的行为表达感激之情，而不是一味的物质满足。感恩是个体自主自愿进行的一种行为。2~5岁的孩子仍然处于以自我为中心的阶段，受到认知和思维发展水平的限制，还不能理解成人对他的要求。因此，父母在进行感恩教育时，不应强迫孩子，使其产生心理上的压力，否则孩子的正常心理受到伤害，将得不偿失。其次，感恩不能以压抑个性为代价。感恩教育是对现实中感恩缺乏的一种补偿性教育，不应过度扩展。

 **自我反思**

1. 细心观察孩子,记录下孩子的感恩行为。
   _____
   _____

2. 看了这个故事,你打算怎么做?
   _____
   _____

小乔怎么了
——帮助孩子解决与同伴的矛盾

故事分享

儿子小乔从幼儿园回来后,我切了个哈密瓜给他吃。小乔兴高采烈地托着两块哈密瓜去请他的小表哥和伙伴们吃。不一会儿,他一脸委屈地往回走,那两块哈密瓜仍在他的手里。我奇怪地问:"为什么你没有请小表哥吃啊?"儿子有些不悦地说:"他们都说我的手太脏,不吃我拿过的东西。"我想了解原因,就去问蹲在地上斗陀螺的小表哥。"小乔的手刚才洗干净了啊,你们为什么说他手脏呢?"只听小表哥投诉说:"小乔拿手在衣服上擦,好脏啊,这么脏我们不敢吃他的!"我回到厨房,拿起一块哈密瓜坐在儿子旁边一边陪他吃,一边和儿子聊起了小表哥不吃他的瓜的原因。"以后要讲卫生啦!"我说:"要不然,大家看到你不讲卫生,会嫌弃你的。"儿子低着头吃瓜,听了我的话,默默地点了点头。

小乔很在意小伙伴对他的评价。一天晚上,小乔和小表哥们一起在家中玩枪战游戏。突然,他冲进房间,扑到床上。小表哥们紧跟其后走进房来,向我投诉小乔拿了他们的玩具枪。小乔把脸埋进被子里,不断地哭喊着:"我没拿,我真的没有拿!"面对眼前的尴尬局面,我对小表哥们说:"我相信他不会说谎,他说没拿就应该不是他拿的。我和你们一起去找一下吧!"结果,我在沙发的底座里发现了静静躺在那儿的玩具枪。事后,小表哥们继续玩耍,小乔却待在床上嘟哝着刚才的事。"我不再和他们玩了,"小乔的眼角挂着泪珠,委屈地说,"他们竟然不相信我。"我问道:"表哥们误会了你,你感到特别委屈是不是?"小乔点头。我又问:"以前你误会了你的同伴,说清楚后,他们每一次都会原谅你,是不是?"小乔继续点头。我接着问:"现在弄清楚了不是你拿的。表哥也不是故意说你拿的,那我们也应当原谅表哥,是不是?"小乔想了想,破涕为笑,冲出门去找他的小表哥们继续玩耍。

故事分析

　　故事中,小乔在与同伴交往过程中发生了一些矛盾:小乔拿着切好的哈密瓜想和小表哥一起分享,但是小表哥看见他用手在衣服上擦,觉得很不卫生,所以不吃。后来,小表哥误会小乔偷拿了他们的玩具枪,小乔觉得很委屈。面对小乔遇到的这两件事情,妈妈理智且冷静地帮助孩子解决了问题。对于哈密瓜事件,妈妈与孩子们进行了沟通,在弄清矛盾产生的原因后,适时教育小乔改变自己不良的卫生习惯。对于玩具枪事件,在小表哥投诉小乔拿了他们的玩具枪时,妈妈没有立刻质问小乔,而是先说自己相信他没有拿玩具,维护了小乔的自尊心,给予了小乔安全感,然后和孩子们一起寻找玩具,证明了小乔的"清白"。随后,在小乔仍为此事生气的时候,妈妈又引导小乔学会原谅和宽容。在妈妈的疏导下,小乔很快想通了。在处理问题的过程中,小乔的妈妈既没有责备自己的孩子,也没有责备孩子的同伴,而是积极找出产生矛盾的原因,并且抓住契机教育孩子应该如何去做,让孩子从中受到启发。

　　美中不足的是,小乔的妈妈没有给孩子自己解决问题的机会。很多时候,孩子们之间会发生一些摩擦,父母面对这样的情况应该冷静处理,引导孩子正视这些问题并找出产生摩擦的原因,而不是选择逃避和忽略这些问题的存在。同时,帮助孩子处理问题并不等于代替孩子处理问题,如果孩子一遇到问题,父母就代为出面解决,那么孩子将来解决问题的能力将大大受到限制,与同伴交往和沟通能力的发展也会受阻。因此,很多事情应该让孩子自己解决,父母不要事事插手。

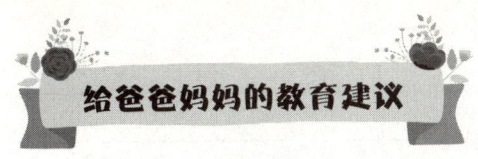

给爸爸妈妈的教育建议

1. **抓住契机教育孩子** 对孩子的教育应渗透在日常生活的点点滴滴中。当孩子之间发生了矛盾时,父母首先想到的不应是要责备哪个孩子,而是要找出发生矛盾的根源,告诉孩子们什么是对的、什么是错的,以及应该如何去做,这样孩子才能形成初步的判断标准。

2. **尊重和信任孩子** 孩子虽然年龄小,但他们也有自尊心。父母意识到孩子身上所存在的问题时,应当避免当众指出甚至责备孩子,可以寻找合适的机会和孩子私下沟通。沟通时也注意不要给孩子施加压力,要求他立刻改正,而是告诉孩子问题所在,给孩子改正的时间。有时,孩子的出发点是好的,作为父母,应当信任自己的孩子,给孩子辩解和说明的机会,让孩子感受到父母对自己的信任。

3. **帮助、引导孩子但不可以替代孩子** 在生活中,我们经常会看到当两个孩子发生矛盾时,双方的父母就参与进来替代孩子解决问题,最后双方父母吵起来了,而两个孩子却和好了。同伴交往是孩子人际交往的一个重要方面,不仅有利于孩子的身心健康,而且有利于锻炼孩子的社会交往能力。父母看到自己的孩子与别的孩子产生矛盾,心生不忍要为自己的孩子出面解决,有的甚至是因为自己的孩子受了委屈就不分青红皂白地去责备别的孩子,这些对孩子来说都是不利的。孩子之间产生矛盾,父母应该给他们自己解决问题的机会和时间,而不是直接替他们解决。如果孩子自己实在解决不了,父母可以引导和帮助孩子如何去做。否则,孩子一遇到问题就习惯性地找父母出面解决,难以学会独立。

自我反思

1. 你有没有类似的经历?

_____

_____

2. 对此你有哪些不同的观点?
_____
_____

3. 你有哪些更好的办法来解决类似问题?
_____
_____
_____

扬扬为什么打架
——冷静处理孩子与同伴的冲突

故事分享

一天,扬扬在楼下的沙堆上和邻居琪琪玩。没过多久,扬扬和琪琪打了起来。我赶紧跑下楼,琪琪揉着眼睛对我哭诉,说扬扬打她。我一看,可不是,琪琪额头上有块红印。平时我总教育扬扬不要和别的孩子打架,不能做粗鲁的孩子,可没想到他竟和小朋友打起来了,真让我失望。

我拉过扬扬,让他给琪琪道歉。扬扬却一扭头,气哼哼地说:"我就不!"我生气地说:"不是让你和小朋友好好玩吗?你怎么就不听话?"扬扬的脸都涨红了,高声说:"她撒谎!"他明明打了人,还不承认错误,我朝扬扬屁股上拍了两巴掌,他"哇"的一声哭了。

回到家,我厉声呵斥扬扬为什么不听话,居然和小朋友打架。扬扬分辨了几句,我厉声道:"还犟嘴?犯了错误还不承认,狡辩什么?!"扬扬趴到沙发上,哭得更厉害了。

先生回来后,搂着扬扬和他聊,这才明白事情的原委。原来,扬扬在沙堆上玩,琪琪过来捣乱,在扬扬身后悄悄掏空他脚下的沙子。扬扬一个趔趄倒下来,把琪琪撞到了旁边的墙上,琪琪抓了把沙子向扬扬扔过来,他俩就打起来了。了解情况后,我觉得委屈了扬扬,就问他:"你怎么不和妈妈说清楚?"扬扬委屈地又哭了:"你根本不让我说话,还说我'狡辩'!"

儿子的话让我反思:孩子也有说话的权利,孩子也有需要表达的情感。遇到事情,我们不妨先放下自己的主观想法,做个"听话"的妈妈,耐心倾听孩子的想法,然后再发表意见也不迟。

故事分析

故事中的妈妈没有看到事情发生的全过程,也没有向孩子们了解详细的情况,只是看见扬扬和邻居孩子打架,因为别的孩子的一句话就认为是自己儿子的错,也没有给儿子解释的机会,一味责骂儿子,让儿子为别人的错误道歉。爸爸则没有和妈妈一样先入为主,认为完全是扬扬的错,而是先向扬扬了解情况,才知道情况不是像妈妈认为的那样。

妈妈这样做只是在用大人的权威暂时阻止事态严重化,不仅没有解决本质的问题,还会让孩子觉得妈妈相信别人说的话却不信任自己,不讲理、不公平,以后再发生类似的事情,就不希望妈妈掺和了。如果妈妈能先了解清楚情况、听听孩子怎么说,再做判断,把怎么解决这件事交给孩子自己处理,会增加孩子对妈妈的信任感,也能更好地让孩子意识到自己的问题所在,提升孩子解决问题的能力。

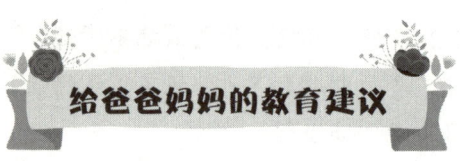

给爸爸妈妈的教育建议

1. 先听听孩子怎么说 父母在处理与有关孩子的问题时,不要仅凭自己的主观想法和事情的表象做判断,也不要因为曾经有过类似的情况发生,就带着主观偏见,认定每一次都是孩子的错,这会严重损伤孩子的自尊心。很多时候,我们听到、看到的不一定就是事情原本的样子,听听当事人的观点和想法,能够帮助我们更好地了解事情的真相,这样还可以增强孩子的自尊和对父母的信任。

2. 打骂不是解决问题的好方法 孩子犯错了,父母的打骂也许可以让孩子变得听话、不闯祸,但这只是一时的,孩子只是屈从于大人的权威,把自己的不良行为和情绪暂时隐藏起来。实际上,孩子不一定明白自己是否错了以及错在哪里,以后还是会犯同样的错误。长期的打骂还会带来诸多消极影响,孩子要么变得像父母一样以"暴力"来反抗,要么越来越畏畏缩缩,这都是父母不愿看到的结果。孩子犯错时,父母可以首先用言语描述这件事情，表达自己对孩子行为的看法，让孩子知道这么做是不对的，是爸爸妈妈不希望看到的；然后表达自己对孩子的期望，并表示自己相信孩子可以改正、可以做得更好；最后，还可以告诉孩子怎样弥补自己的错误，让孩子知道做错了事情要敢于承担。另外，也要让孩子知道不能用打架这类"暴力"方式来解决问题，可以相互协商、退让。

3. 让孩子自己去解决问题　孩子之间的打闹有时会让父母担忧，怕孩子受伤，所以出现这样的情况时父母会及时出面制止。但孩子有孩子的相处之道和解决问题的方式，有时候大人插手反而不利于问题的解决。很多时候，孩子之间的打打闹闹真的没什么，就算不小心刮到了、碰到了、打到了，本来孩子觉得没什么，但是被父母一掺和，他们反而觉得"疼了""受委屈了"。其实，打闹过后，孩子们很快就会忘记不愉快，又开心地玩在一起。小小的打闹也是孩子之间相处的一种方式。能让孩子自己解决的，就让他们自己解决，这会让孩子更早学会独立解决问题，变得更加有主见、有想法，从而获得成长的机会。

自我反思

1. 你有没有类似的经历？

　

　

2. 对此你有哪些不同的观点？

　

　

3. 你有哪些更好的办法来解决类似问题？

阳阳不欺负人了
——引导孩子与同伴友好相处

故事分享

在幼儿园，阳阳有时会偷偷地欺负其他小朋友。有一次，我去幼儿园接阳阳。在幼儿园的游乐场玩耍时，一个小朋友的妈妈在孩子第二次被阳阳欺负以后，找到我表达她的不满。我拉着阳阳走到那个小朋友的面前，当着她的面让小朋友告诉我发生了什么事情，阳阳是怎么欺负她的。那个小朋友讲完后，我没有马上责备阳阳，也不要求她说对不起，更没有代她赔礼道歉。我对那个小朋友说："谢谢你告诉我这些情况，以后遇到阳阳的事情，你都告诉我，好吗？"那个小朋友点点头。我注意到阳阳一直抿着嘴巴，几次想辩解，但是我没有给她机会。

回家后，一直到晚上临睡前，我才找阳阳谈心。我依然没有责怪她，而是让她讲一遍自己欺负小朋友的经过。阳阳在陈述过程的时候，已经明显知道自己做错了。我帮她分析了一遍事情的原委，最后问："妈妈可以邀请那个小朋友来我们家玩吗？"她同意了。第二天，我邀请了那个小朋友来我们家玩。几次之后，她们成了全小区中最要好的朋友。整个事件中，我没有批评阳阳一句，但处理之后的效果却非常好。

这是阳阳唯一一次被告状，后来我再也没有听到别人反映过她欺负其他小朋友。我相信，她已经认识到了错误，明白了欺负人是不对的，并且对自己的行为进行了反思。

故事分析

阳阳的妈妈在孩子被告状之后做了三件事：一是让那个小朋友当着阳阳的面叙述了事情的经过，但没有让阳阳直接道歉；二是临睡前让阳阳把事情的经过再复述一遍，并帮助阳阳分析了整个事情的原委；三是提出让那个小朋友来家里玩的建议。

首先，阳阳妈妈没有直接否定冲突行为中的攻击一方，而是先了解冲突发生的原因。在了解原因的过程中，也没有直接判断双方的过错，而是留给了阳阳独立思考的空间，让阳阳自己去领会这一行为的对错。阳阳妈妈没有在大家面前批评阳阳，这样做保护了孩子的自尊心，也没有替她去道歉，给了孩子自己解决冲突的机会。

其次，阳阳妈妈没有马上和阳阳谈心，这是因为她希望可以留给孩子更多独立思考的时间，以免激化孩子的对立情绪。之后，阳阳妈妈帮助阳阳分析原因，让阳阳学会面对问题，认清自己的责任。同时，让孩子复述事情发生的过程，也是让孩子认识自己在冲突行为中扮演的角色，明白自己应该承担的责任，尝试站在他人角度思考问题。但这也可能产生反效果，因为阳阳的同学已经叙述了事情的经过，再让孩子复述一遍，会再次勾起孩子消极的情绪体验。

最后，阳阳妈妈对解决冲突行为的方式提出建议——让小朋友来家里玩，并征求了阳阳的意见。这实际上是给了阳阳一个解决冲突的机会，让两个孩子通过协商的方式化解之前的矛盾冲突。有研究显示，当孩子采用缓和性而不是对抗性的解决策略时，冲突之后他们还能继续进行互动性行为。这也说明了为什么两个小朋友最后能成为好朋友。

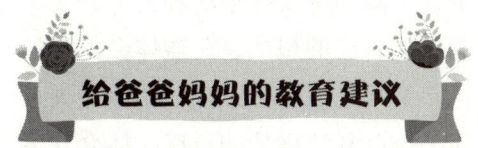

给爸爸妈妈的教育建议

同伴冲突是孩子相互交往过程中的一种社会互动方式，为孩子提供了获得社会适应能力的机会。如果同伴冲突得到妥善解决，将促进孩子社会性发展；反之，如果处理不当，则会对孩子身心健康和人际关系的和谐发展产生不利影响。因此，父母应当重视对孩子与其同伴发生冲突行为时的处理方式。

1. **正视孩子之间的冲突行为** 孩子的冲突行为是孩子去自我中心的关键，也就是说，只有通过冲突行为才能够让孩子学会站在他人角度思考，建立良好的社会关系。由于孩子的身心发展尚未成熟、社会经验又较为缺乏，因此孩子在与同伴交往中难免会发生冲突。父母此时不要一味地指责孩子，否则会影响孩子的身心发展，使其对外界产生恐惧和自责心理。

2. **建立平等、和谐的亲子关系** 父母为孩子提供的家庭环境会影响孩子在冲突行为中的解决方式。父母应与孩子建立平等、民主的关系，在这样的环境下，孩子有更多的自主选择权利，有利于孩子的个性发展、独立思考和解决问题能力的提高。同时，平等、和谐的亲子关系也为孩子与同伴的交往树立了良好的榜样，使孩子能够在父母的引导下，独立判断行为的对错，主动提出解决问题的策略。

3. **提供与同伴交往的机会，让孩子独立面对冲突** 城市的格局在某种程度上限制了孩子与同伴交往的机会，孩子不善于交往，也就无从学习交往技能。因此，父母要为孩子创设同伴交往的环境，让孩子有独自面对交往冲突的机会。例如可以让同伴来家里玩，也可以让孩子多接触外面的世界。与此同时，父母需要观察孩子的行为，对其好的行为要及时、具体地进行表扬和鼓励，不好的行为予以纠正。

4. **结合具体情境，指导孩子学习交往的基本规则和技能** 孩子和同伴间的冲突发生后，父母可以采用"冲突解决5步引导法"来引导孩子解决冲突，提高交往技能。第一步，认同和接受孩子对冲突的看法，并倾听他人的想法。这样孩子不仅能表达自己的想法，又能体会他人的心情，有利于问题的解决。第二步，归纳问题原因，让孩子认清冲突，承担相应的责任。这个过程可以让孩子自己复述事情的过程，体会冲突中存在的问题。第三步，让孩子思考解决问题的方法，培养他们独立思考和解决问题的能力。第四步，选择冲突双方共同认可的适合的策略。第五步，实施策略，让孩子体会到只有通过合作协商的方式解决冲突才是最好的选择。

自我反思

1. 你的孩子是否有类似的行为？

_____

_____

2. 当你的孩子与同伴发生冲突行为时，你是怎么做的？

_____

_____

3. 和孩子一起谈谈他的朋友，让孩子尝试说出喜欢这个朋友的原因，引导他多发现同伴的优点。

_____

_____

打人是不对的
——温柔对待孩子

有一天,儿子跟堂妹在玩点读书,还有模有样地教堂妹读。读了一会儿,堂妹开始在书本上乱画。儿子很生气,猛地推了堂妹一把,堂妹顿时号啕大哭。听到哭声,大人们都跑出来问怎么回事。

我看到是侄女在哭,就骂儿子:"你是不是欺负妹妹了?还不给妹妹道歉!"儿子觉得自己没有错,不愿意道歉。我脾气上来了,就说:"那还不把你的书收起来,到处乱放!"儿子说:"书是妹妹拿出来的,自己的事情自己做,为什么要我收拾?!"我一时无言以对,恼羞成怒地说了句:"我让你收拾,你就去收拾!"儿子听了,气冲冲地跑进堂妹的房间,把堂妹的书也扔得到处都是。我目瞪口呆。这时他又说了一句火上浇油的话:"你打人是不对的,你打我,我就报警!"我气得火冒三丈,狠狠地揍了他一顿。一时间,奶奶的骂声、弟妹的劝声、儿子的哭声此起彼伏。

我看到儿子哭了,也逐渐冷静下来。我走到儿子身边坐下,准备跟他理智对话。我首先为刚才打他的事道歉,告诉他:"爸爸打你的行为就像你打妹妹一样,是不对的。人不能因为生气就不讲理,仗着自己力气大就动武力,这是不讲道理的野蛮行为。"儿子听了我的话,平静下来。接着,我让他讲了一遍事情的经过,随后表示,我同意他的看法,是妹妹做错了,但是他不能因为这个就打妹妹,妹妹年纪小不懂事,做哥哥的要教她。听完我的话,儿子承认自己错了,但他也提出我以后也不许随便打他,他错了我也要跟他好好解释。我答应了,也为自己的行为感到汗颜,以后要为儿子树立好榜样。

故事分析

在这个故事中,一开始,爸爸在得知儿子把妹妹打哭后,没有及时和儿子沟通,了解事情的经过,而是直接训斥儿子,引发了后续的冲突。结果,爸爸揍了儿子一顿,儿子则委屈地大哭。事实上,孩子的行为都是事出有因的,他之所以把妹妹弄哭,是因为他认为妹妹破坏了规则,在书上乱画。当爸爸训斥他时,他并不理解爸爸为什么要批评他。随后,在父子俩的冲突中,孩子又发现,在规则的遵守上,爸爸对他和妹妹是两种要求。这种规则遵守的主体不一致会让孩子对爸爸的规则产生怀疑,觉得不公平,觉得自己受到不平等的对待,更加无法理解到底怎么做才是正确的。

爸爸的举动无疑是不理智的。所幸冷静下来后,他能够反思自己的错误,及时进行补救,选择与孩子谈话的方式,引导孩子进行换位思考,体谅他人的感受,成功地让孩子意识到自己的错误,达到预期的教育效果。

给爸爸妈妈的教育建议

孩子在与成人和同伴交往的过程中,不仅学习如何与他人友好相处,还学习如何看待自己、对待他人,不断发展适应社会生活的能力。父母要根据孩子的自身气质特征,循循善诱,促进孩子的社会性发展。

1. 在生活中教导孩子正确处理人际交往问题 孩子的社会性主要是在日常生活中和游戏中通过观察和模仿潜移默化地发展起来的。在日常生活中,父母要满足孩子的合理性需求,让孩子对父母形成安全依恋,信任父母。这样,孩子就会对父母对待其他人的态度和方式产生共鸣,模仿父母的行为,形成自己的交往习惯。此外,父母可以通过点滴小事来教导孩子如何去处理人际交往过程中遇到的问题,并对于孩子做得好的行为给予适当的奖励,通过强化来促进孩子的社会性发展。

2. 尊重孩子　在孩子与同伴的交往出现冲突时，父母首先要给孩子说话的机会，认真听孩子说，了解他的想法，而不应凭自己的主观判断直接处理；其次，带孩子远离人多的现场，避免他人干预，形成混乱场面；再次，就事论事，孩子对事情的判断会受父母态度的影响，因此父母对孩子的正确行为要及时肯定，对错误行为要及时阻止，并与孩子共勉，互相监督，共同进步。同时，父母不宜动手打孩子，应从事情发生的时候学会理智对待，尽量避免事后挽救。

3. 注重自己言行的榜样作用　孩子因为年龄的原因，还不能够判断规则的合理与否。出于对成人的敬畏，在大多数情况下，孩子对父母的出尔反尔在内心深处感到疑虑，但他们不能确定父母是否真的错了，所以只好自我怀疑、内疚或自责。父母在帮助孩子社会性发展时要考虑孩子的年龄特点，对成人世界的规则加以选择地解释给孩子听，并做出尽量有序的示范行为，使孩子掌握其要领。

4. 给孩子具体的建议　当孩子与同伴发生冲突时，父母应该结合具体情境，给孩子提出具体的建议，引导孩子换位思考，学习理解别人，使孩子对自己的行为有更加清晰、准确的判断，由此也更容易接受规则的约束。

自我反思

1. 联系实际，思考自己对待孩子处理同伴关系时自己的想法和做法是否恰当。

2. 为了让孩子与他人更好地交往，你打算怎么做？

体验不一样的生活
——引导孩子平等地对待差异

故事分享

去年"六一"儿童节到来之前,我们班里的20多个家庭决定带上孩子前往双捷镇的一所小学进行扶贫慰问活动,一来可以让那里的小朋友过上一个快乐而难忘的儿童节;二来可以让我们这些平时养尊处优的城里孩子去体验一下农村艰苦朴素、勤俭节约的生活。那里有很多小朋友的家庭条件很差,还有很多是留守儿童,以及部分失去双亲的小朋友,我们希望为他们送上一点温暖。

当孩子们在参观简陋的教室时,女儿把我拉到一边,低声问道:"妈妈,这里的小朋友就是在这里上课和学习的吗?"我点点头。她指着天花板上只剩下两片扇叶的吊扇说:"我们幼儿园的教室里有空调,这里的教室只有这样破烂的风扇吗?他们只有这样的破桌子吗?"我告诉女儿:"是的,他们的生活条件真的很差。你看有很多小朋友的鞋子都破了,衣服穿了很久,书包也很旧了,早已看不出原来的样子。他们不知道肯德基和麦当劳是什么,放学回到家里还要帮忙做很多家务。但他们都很勤快,学习也很刻苦。你说,他们这种吃苦耐劳的精神我们要不要学习啊?"女儿听了,睁大眼睛看着我说:"妈妈,以后我也要做你的小帮手,再也不乱买玩具和零食了,家里不穿的衣服和鞋子能不能送给这里的小朋友呢?我还有很多玩具和小人书也送些给他们好不好?"我摸了摸她的小脑袋,把她紧紧地抱在怀里。通过这次体验活动,女儿体会到了什么是艰辛,也有了一颗同情、感恩的心!

故事分析

在这个故事中,父母带着自己的孩子去农村的一个小学进行扶贫慰问活动,让从小养尊处优的女儿体会农村孩子生活的艰辛与不易,从而让女儿学会了同情与感恩。

有时候,带孩子体验不一样的生活是一种很好的教育方式。城市里的孩子相对来说生活条件比较好,需要什么爸爸妈妈基本都会满足,他们可能会觉得这个世界上所有的孩子都是这样生活的。因此,带孩子去看看别人的生活环境可以带给孩子很多不一样的体验与感受,让孩子知道应该珍惜、感恩自己拥有的,同时要有一颗同情和帮助别人的心。这样的亲身体验好过父母说一百遍"孩子,你要懂得珍惜、感恩,要知道有很多小朋友生活过得很艰苦"之类的话。

给爸爸妈妈的教育建议

1. **让孩子体验不一样的生活** 孩子平时接触到的世界其实很小,主要是家庭、幼儿园。父母会在周末的时候带孩子去公园、游乐场、超市,在寒暑假可能会带孩子出去旅游,这些都是在让孩子体验生活,不过这些活动更主要的目的是享受亲子时光以及让孩子开心、快乐。父母还可以带着孩子去福利院看望老人、一起做义工、体验农村生活等,通过这些亲身体验活动使孩子从中获得一些感悟,形成良好的品质,比如乐于助人、懂得感恩。

2. **常常帮助、关爱他人** 父母都希望自己的孩子有爱心、会帮助他人,那么父母在平时的生活中就应该给孩子树立积极、正面的榜样,从我做起,从小事做起,用具体的行动来教育和影响孩子。例如,在家庭生活中,父母孝敬长辈,关爱身边的老人,有时寄一些衣物、图书给贫困山区的孩子,照顾流浪的小动物等。孩子在父母无形的熏陶之中,会自然而然地养成尊敬老人、关心他人、帮助他人的优秀品质。

3. 放手让孩子独立 有不少父母说自己的孩子平时娇生惯养，什么事都要依赖爸爸妈妈，一点独立生活的能力都没有。其实，造成这种情况的很大一部分原因在父母身上，是父母的一些观念和行为纵容孩子变成这样的。因此，父母要从改变自身做起，改变"孩子还小，宠一点没关系，等他长大一点再说"，"孩子还小，很多事情做不好，需要父母来做"，"家里就这一个孩子，我小时候吃的苦可不能让我的孩子再吃了"等观念，告诉自己"很多事情孩子可以自己做"，"太宠孩子容易使孩子养成不好的习惯"，"孩子小时候吃点苦没关系，对他以后的成长有帮助"。当父母想要去帮孩子做一件事的时候，先停下来想想这件事孩子是不是可以自己做；当父母想要去扶起摔倒的孩子的时候，忍一忍，让孩子自己站起来。父母放开手，孩子会更快地学会独立，孩子的表现将会带给父母更多的惊喜。

自我反思

1. 你有没有类似的经历？

_____

_____

2. 对此你有哪些不同的观点？

_____

_____

3. 你有哪些更好的办法来解决类似问题？

_____

_____

第三章

在游戏和生活中学会社会适应

◎ 根据孩子的发展水平提出要求。

◎ 不论是在游戏中还是在生活中,太多的约束都会限制孩子快乐的程度。

◎ 让孩子自己判断与选择,是发展其自立、独立能力的关键。

"睡不着"和"睡得香"
——帮孩子平稳度过入园适应期

故事分享

女儿齐齐刚开始上幼儿园时,每天早上都会哭闹,不停念叨着"睡不着,睡不着"。原来,没有午睡习惯的她,在幼儿园遇到了困扰——午休时睡不着。我们告诉她午休的各种好处和必要性,但全都无效。

某天早上,在齐齐又一次哭着说"睡不着"时,爸爸灵机一动,用齐齐的小名和她最喜欢的兔子作为主角,讲了一个故事:

在遥远的海滨,有一个兔子村,住着小兔子齐齐一家。齐齐有一个秘密,跟谁也没有说过——她有一个好朋友叫"睡不着"。虽然她从来没有见过这个好朋友的样子,但她知道,每天晚上,这个好朋友都陪她玩,有时还跟她说说话。后来,齐齐上幼儿园了,遇到了一件很头疼的事,就是午休时睡不着,别的小朋友都睡着了,齐齐却怎么也睡不着,一直念叨着好朋友的名字:"睡不着,睡不着。"有一天晚上,"睡不着"对齐齐说:"齐齐,当你还是小小孩的时候,我看到你一个人躺在摇篮里,睁着大眼睛不睡觉,没有人陪你玩,我就决定留下来陪你,我们成为了好朋友。现在你上幼儿园了,要交新的朋友,你更需要和"睡得香""吃得饱""心情好"这些朋友们一起玩。不要伤心,我知道你会想我的,我也很舍不得你。再见,齐齐。"齐齐一个劲地哭,边哭边叫着"睡不着"。哭着哭着,齐齐就睡着了。

后来,女儿真的和"睡得香""吃得饱""心情好"成了好朋友,每天在幼儿园玩得可开心了。

故事分析

在这个故事中,齐齐的爸爸用创编小故事的方式帮助刚上幼儿园的女儿更好地适应幼儿园的生活,很好地解决了女儿的入园适应问题。

齐齐的父母一开始是用理论说教的方式告诉女儿午睡的好处和必要性,可是没有起作用。这和孩子的心理不成熟、理解能力不强有关。刚上小班的孩子,不懂得什么必要性的问题,这时候和她讲理论、讲道理当然是没什么用处的。要解决齐齐午休时"睡不着"的问题,应该从齐齐习惯的改变、心理的转变着手。后来,齐齐的爸爸通过创编故事的方式将问题转移到小兔子身上,并且让小兔子的好朋友"睡不着"来帮助小兔子,用拟人的口吻向女儿传递要睡得香、吃得饱、心情好的信息。这样一种有趣、生动的教育方式是孩子更容易接受的。

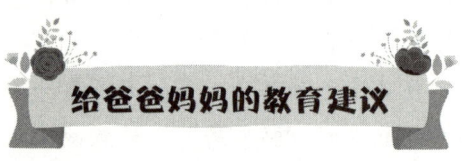

给爸爸妈妈的教育建议

孩子从一个熟悉的环境(家庭)进入一个陌生的、不一样的集体环境(幼儿园)中,一定会出现一些适应问题,比如分离焦虑、同伴相处、生活习惯、规则遵守等方面的问题。父母需要帮助孩子平稳度过入园适应期,这样孩子在幼儿园的学习和生活才会更开心。

1. 培养孩子良好的生活习惯和基本规则意识 孩子上幼儿园之前,父母应该让孩子养成规律的生活习惯,以更好地适应幼儿园的生活,比如按时用餐、睡觉;培养孩子的自主和自立能力,让孩子自己做可以做到的事情,减轻孩子对父母的依赖;培养孩子基本的规则意识,让孩子知道什么可以做、什么不可以做;平时多带孩子外出及参加一些社交活动,多让孩子接触家庭以外的人、事、物,学会一些人际交往的方法。

2. 保持积极情绪,消除消极心态 要帮助孩子更好地适应幼儿园,父母的情绪和心态也非常重要,会直接或间接影响孩子对幼儿园生活的看法。首先，父母对孩子上幼儿园应该表示开心、鼓励，不要流露出舍不得、不忍心的情绪，这样会增加孩子的分离焦虑。其次，父母不要过度担忧孩子不能适应幼儿园的生活，要相信孩子和老师。再次，父母不要总是向孩子询问一些消极的问题，例如"今天有没有小朋友打你？""有小朋友抢你的玩具吗？"等等。这可能会让孩子对幼儿园产生消极的看法。最后，父母应该正面引导孩子，例如"今天在幼儿园和谁做好朋友了？""今天在幼儿园里有什么开心的事呢？"这样可以帮助孩子产生对幼儿园、老师及同伴的积极情感。

3. **和老师沟通，了解孩子在幼儿园的情况** 父母应多和老师进行沟通，了解孩子当天在幼儿园过得是否开心、活动参与情况、和其他小朋友的相处情况、饮食情况等。而对于孩子的基本情况，尤其是一些特殊的情况，比如特别的生活习惯、生理上的特别需要等，父母应事先向老师说明，让老师更好地了解孩子，有针对性地对待孩子，减少孩子不必要的哭闹，让孩子更快地适应幼儿园的生活。

4. **坚持自己送孩子入园，但送孩子入园后不停留** 有些父母因为舍不得、担心孩子，送完孩子后一步三回头；有的父母在送孩子入园后久久不愿离开；有的父母甚至中途到幼儿园外面向里张望。这样会让孩子更不想离开爸爸妈妈，哭闹不止。反之，马上离开则会让孩子更快地接受爸爸妈妈必须去工作的现实，减少对爸爸妈妈的依赖心理，更易融入幼儿园的新生活。

5. **提前让孩子熟悉幼儿园，减少陌生感** 父母可以在孩子上幼儿园之前，给孩子讲一些关于幼儿园的事情，比如，幼儿园有园长、老师、其他小朋友，还有很多好玩的设施和玩具以及很多有趣的活动和游戏等，还可以带孩子参观幼儿园，让孩子切身感受幼儿园的环境。

6. **建立孩子对老师的信任感** 上幼儿园之前，孩子习惯了家人无微不至的照顾，对于陌生的老师是没有信任感的。父母应该给孩子传递正面、积极的信息，告诉孩子幼儿园的老师非常亲切，他们会照顾好每一位小朋友，建立起孩子对老师的信任感。

 **自我反思**

1. 你有没有类似的经历?
   _____
   _____

2. 对此你有哪些不同的观点?
   _____
   _____

3. 你有哪些更好的办法来解决类似问题?
   _____
   _____

多放七天假
——耐心消除孩子的入园焦虑

故事分享

爸爸刚开始告诉宝宝要上幼儿园时，宝宝对入园很是期待，表现得欢天喜地。但等到真正入园的时候，宝宝开始焦虑不安，送他进教室的时候，他怎么都不肯进去，在门口委屈地放声大哭。教室里的其他小朋友一见到他哭，也跟着大哭起来，场面甚是"悲壮"。

接下来的几天就像打仗一样。宝宝每天放学回到家，第一件事就是告诉爸爸妈妈第二天不去幼儿园。只要爸爸妈妈一说读书如何如何好，宝宝就拼命哭，甚至晚上九点多都拉着奶奶要走路回爷爷家。哭闹了几天后，宝宝身体开始不舒服，爸爸妈妈就帮他请了假，碰巧又遇上了中秋假期，于是连续七天没上幼儿园。爸爸妈妈原以为假期平静了一段时间，宝宝应该能适应去幼儿园了。岂料假期结束后，宝宝表现得更加强硬，就是不肯答应第二天去幼儿园。那天晚上，爸爸妈妈实在没办法，就尝试着问他，到底要怎样才可以去幼儿园？宝宝说："我再多放七天假就去上幼儿园了。"当时爸爸妈妈都很吃惊，又感到很无奈，他们商量了一下，决定让宝宝再放七天假。爸爸妈妈认为这个决定是一次赌博，但是接下来的几天却出乎他们的意料，小家伙每天都数着日子过，每天晚上睡觉前都要做一次报告：还有多少天就要上幼儿园了。在第八天到来的时候，宝宝真的不吵不闹，乖乖地去幼儿园了。虽然在往后的日子，他还会不时地哭鼻子，但再也没有提过不上幼儿园了。

故事分析

故事里的宝宝表现出来的入园"综合征"和"入园分离焦虑"在大部分刚入园的孩子身上都会出现。

宝宝刚开始对幼儿园的感觉是很兴奋、很期待的,因为对于他来说,幼儿园是个新鲜的地方,听说幼儿园里有很多玩具,又有很多小朋友和自己玩。但当宝宝真正接触到幼儿园时,却发现竟然要和爸爸妈妈分离,同时陌生的环境也让他感到恐惧,没有安全感,因此产生了焦虑,表现出明显的不适应状态。

虽然宝宝的父母尝试着帮助宝宝,如对他说明读书的好处,但是刚上小班的宝宝认知水平有限,无法理解家人所说的好处。

而后,当宝宝提出"再多放七天假就去上幼儿园"的时候,爸爸妈妈选择了相信孩子,尊重宝宝做出的承诺,收到了不一样的效果:宝宝严格遵守自己做出的承诺,并不再提不去幼儿园。虽然孩子年龄小,但是每个孩子都是独立的个体,都有自己的思想。我们应该形成正确的儿童观,尊重儿童的主体地位。父母的耐心和理解是孩子成功适应分离的第一步,与孩子互相承诺,达成共识,就能成功消除孩子的入园焦虑。

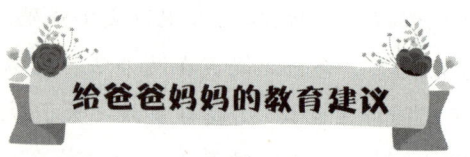

给爸爸妈妈的教育建议

幼儿园入园"综合征"与孩子的分离焦虑息息相关。入园分离焦虑是指孩子从自然人到社会人转变过程中所发展起来的情绪。孩子离开父母和家庭进入幼儿园,是其社会化进程中重要的一步。孩子刚进入幼儿园不适应,一直哭闹,对于身心都会产生影响。对此,虽然幼儿园老师也会帮助孩子进行适应,但父母所起的作用举足轻重。如果父母能够采取合适的方法教导宝宝,就能够慢慢帮助孩子克服分离焦虑,缩短入园"综合征"持续时间,更好地适应环境。

1. **尊重孩子，从孩子的角度思考问题**　父母常常会根据自己的主观想法来对待孩子的行为，把自己的想法强加给孩子。当孩子产生焦虑的时候，父母常常认为孩子不应该这样，然后跟孩子讲道理，否认孩子的感受，这都是因为父母没有站在孩子的角度来思考问题。当父母站在孩子的角度，从交新朋友、玩游戏的角度开导他，尊重孩子的意见，会发现孩子的潜力是无限大的。

2. **正确看待入园"综合征"，调整自己的心态**　入园"综合征"是一种正常现象。离开熟悉的环境，进入陌生的环境，对于2～3岁的孩子来说，在生理和心理上会产生一些不适应，所以分离焦虑比较明显，具体表现就是一直哭闹。对于孩子的哭闹，父母要调整好心态，不要因为过于心疼就妥协，不送孩子去幼儿园，或者一直在幼儿园陪着孩子。孩子的思维是直觉形象的，看到父母就会想家。为了避免增加刺激孩子的机会，父母送完孩子后应该立刻离去，要知道，这是培养孩子独立性的机会，最终会使孩子受益。

3. **在入园前打好"预防针"**　对于入园"综合征"中孩子一直哭闹的表现，我们应该认识到其本质是因为孩子对幼儿园的不安全感而产生的。因此，父母在孩子入园前，应该告诉孩子幼儿园及所在班级的名字，告诉孩子在幼儿园可以认识许多小朋友，使孩子内心认同幼儿园。有条件的父母还可以带着孩子近距离参观幼儿园，参加幼儿园的活动，让孩子对幼儿园有个清晰的认识，增强孩子对幼儿园的安全感和对幼儿园老师的信任感。

4. **与老师进行沟通交流**　孩子进入幼儿园，代表孩子已经开始接受学校教育了，学校教育与家庭教育是密切相关的。父母应该主动与老师沟通交流，尽量详细地与老师说明孩子在家中的生活习惯、睡觉习惯、兴趣爱好、性格特点、能力水平，让老师对孩子有个初步了解，运用适当的教育措施，同时，也要及时向老师了解孩子在园表现，并及时给予孩子反馈。这样，家园一致，共同合作，才能更好地帮助孩子尽快适应幼儿园生活，更快地消除孩子的"入园焦虑"。

 **自我反思**

1. 你的孩子刚入园时会一直哭闹吗？还有什么其他的表现？
   _____
   _____
   _____

2. 面对孩子的哭闹，你会心软还是态度强硬？
   _____
   _____
   _____

3. 你和孩子沟通过哭闹的问题吗？孩子是怎么回答的？
   _____
   _____
   _____

有一颗就行了
——孩子不贪心，爸妈很放心

现在很多父母都基于爱孩子的出发点，对孩子的要求无条件地满足，长期下来孩子就养成什么东西都想要，而且数量要多、要比别人多的不良习惯，攀比、贪心，不懂得分享与合作。著名教育专家孙云晓曾经说过："习惯决定孩子的命运。"儿子今年4岁了，我和我爱人都深知良好的习惯对孩子有多么重要的意义，因此在生活中特别注重孩子良好生活习惯的养成。

我们注意在日常生活中培养孩子的良好习惯，给孩子立下一定的规矩并要求严格遵守。比如长辈给糖时，只可以拿一颗，不可以多拿，并且要说"谢谢"；别人的东西不可以乱动；有别的小朋友来家里玩，要和他分享；等等。因为年龄小，我们不能给孩子说太多，而且光说孩子也记不住、接受不了。怎么办？我们想了一个办法：情境表演。孩子都爱听故事、看表演，我们请儿子做老师，我跟爸爸扮演小动物，当小动物们抢东西时，儿子立刻制止我们的行为，根据我们教育他的话来说我们：这样是不对的、不可以抢、不可以拿那么多、要分享、不要贪心，等等。有趣的情境表演让抽象的道理形象化，孩子很容易就理解并接受了。

有一次，我带着儿子跟我同学的孩子一起玩。同学的孩子拿出很多糖递给我儿子，他只拿了一颗。我同学看了很惊讶，鼓励我儿子多拿几颗。没想到，儿子说了一句让我感动至今的话："我有一颗就行了。"

从小帮助孩子养成好习惯，树立起正确的人生观和价值观，童蒙养正，根基扎实，正如小树要从小修枝剪叶才能长成参天大树。

故事分析

故事里的父母从细节上教育孩子做人不贪心，帮助孩子养成良好的行为习惯，树立正确的价值观。他们对孩子的规则意识、社会价值观等问题的关注，实质上是对孩子社会领域学习和发展的要求和期望。其中，与他人分享是孩子在同伴交往中与同伴友好相处的一个目标和方式。他们在家中立下一定的规矩，教会孩子遵守社会行为规则，指导孩子学会分享，并结合具体情境，通过情境表演引导孩子换位思考，学会理解别人。孩子在情境中学会了迁移，对于父母给自己制定的规则理解得更加深刻，明白什么是不对的、什么是可以做的、什么是不可以做的。

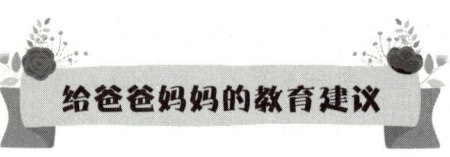

给爸爸妈妈的教育建议

1. **引导并肯定孩子的良好行为** 在孩子 3~4 岁时，父母可以引导与教育孩子不抢玩具、不独霸玩具。对于孩子与别人分享玩具、图书等行为给予肯定，让孩子对自己的表现感到高兴。

2. **根据孩子的发展水平提出要求** 在教育孩子时，要明确每个孩子的发展水平不同，对不同孩子的要求应不一样。孩子在 3 岁之前还没有形成分享的概念，如果强求反而可能会伤害孩子，让孩子形成错误的认知，不利于孩子形成正确的自我概念。父母可以利用相关的图书和故事，结合孩子交往的经验，与孩子讨论什么样的行为才是受大家欢迎的，想要得到别人的接纳应该怎么做。

3. **不过度制定规则与方针** 不论是在游戏中还是在生活中，太多的约束都会限制孩子快乐的程度。而一旦制定了规则与方针后，父母也不要过度监控，要让孩子学会自我监控，双方应当形成相互信任的亲子关系。当孩子经常破坏规则的时候，父母也应当反思自己在制定规则的时候是否过于强势，可以问问孩子他内心是否真的接受并且愿意遵守这个规则，是否觉得公平。

4. 从细微之处入手，以身作则　　父母要树立榜样作用，以身作则，结合实际情境提醒孩子要注意的事项。例如和孩子达成"有一个就行了"的共识，让孩子明白不多拿，多拿无益。可以利用生活中的机会和角色游戏，帮助孩子了解这些行为体验，加深孩子的理解程度。

自我反思

1. 你有没有类似的经历？

　

　

2. 对此你有哪些不同的观点？

　

　

3. 你有哪些更好的办法来解决类似问题？

咬着毛巾入睡
——及时纠正孩子的不良习惯

孩子表现好要适当地表扬与奖励,这会产生鼓励的作用;同样,表现差也要适当地批评与惩罚,这样才会起到惩戒的作用。"童话大王"郑渊洁说过"表扬孩子要直截了当,批评孩子要转弯抹角"。我只赞同前半句。对于小孩子,在他还没到懂得"转弯抹角的批评"的时候,必须直接指出他的不足并制止其错误行为。

儿子两岁多的时候,喜欢抚摸着一条毛巾入睡,睡着睡着还会不自觉地咬毛巾。刚开始的时候,我们并不觉得有什么不妥。虽然跟儿子说了好几次这样对喉咙不好,但孩子小,不懂道理,只知道抱着舒服,半夜睡醒摸不到毛巾就会哭闹,我和妻子一时心软也就随他。后来看到儿子经常咳嗽,并且不咬着毛巾不能入睡,我才真正后悔了。因为毛巾不干净,有绒毛和细菌,导致孩子咳嗽。孩子还养成了不好的习惯,坏习惯一旦养成,便很难改正。一天夜里,我硬起心肠将毛巾收好,任由儿子哭闹,并且严厉呵斥,白天不给他喝牛奶以作惩戒。终于,过了一个多星期,儿子渐渐将这个坏习惯改正过来,不用毛巾也可以熟睡了。

这件事让我反思:如果当初早点发现问题,在儿子养成坏习惯之前就直接批评和惩戒的话,效果肯定会更好一些。

故事分析

　　故事中的父母一开始没有想到毛巾会有绒毛和细菌,孩子天天摸着、咬着毛巾睡觉可能会感染细菌或影响呼吸,只是跟孩子说这样对喉咙不好,但并没有真的太当一回事,导致孩子经常咳嗽,这是父母的疏忽。两岁的孩子睡觉的时候身边不应该有绒毛类的物品,如毛巾、小毯子,因为容易感染细菌,同时,万一孩子睡觉的时候不小心被这类东西捂住了嘴巴和鼻子,导致无法呼吸,就会出现危险。父母应该注意到这类安全隐患。

　　对于孩子养成咬着毛巾睡觉的习惯,父母应该先找找孩子会养成这样的习惯的契机和原因是什么,是凑巧、无意形成的,还是可能有一些深层次的原因,尤其是孩子的心理因素,比如是不是没有安全感、安全依恋有没有建立等,只这样才能采取有效的方法去解决。

　　故事中,孩子的爸爸突然直接把毛巾拿走的解决方式过于简单、粗暴,对孩子的心理造成了伤害,让孩子失去了安全感。孩子原本睡觉用毛巾安抚自己就可能是缺乏安全感的表现,爸爸这一简单的处理方式可能让孩子更加没有安全感。孩子要改掉不良习惯是一个过程,需要慢慢地引导,不可一蹴而就。如果先用其他一些没有安全隐患的物品来代替毛巾,然后再彻底拿掉,让孩子有一个适应的过程会比较好。此外,孩子的爸爸还用了惩罚的方式,白天不让孩子喝牛奶,这样的做法显然是不妥的。惩罚不是解决问题的好方法,容易让孩子形成阴影,影响孩子的身心发展。

给爸爸妈妈的教育建议

1. 对孩子的不良行为及时说"不"　　很多时候,孩子一些不良行为的出现和不良习惯的形成,与父母的宽容和纵容是脱不了关系的。当孩子做出不良行为时,父母不要抱有"孩子还小,还不懂事,这次就算了","说一下就行了,也不是什么大事"这样的观念,而应该抓住时机,认真、严肃地对待,让孩子知道他的这种行为是不对的,不能让孩子抱有侥幸心理,否则孩子下次还会这么做。表扬和批评都要及时,这样才能强化孩子好的行为,让孩子改正不良行为。

2. 寻找孩子不良行为背后的原因 孩子不会平白无故做某件事情,也不会无缘无故就犯错,孩子不良行为的背后一定有其原因。孩子的思维、见解与成年人有很大的区别,有时候,事情也许不是我们所想的那样,也很可能根本不是我们所看到的那样。例如,孩子有时候故意捣乱很可能只是想让父母关注自己;孩子与别的小朋友吵架、打架,可能是因为别的小朋友说了爸爸妈妈的坏话;孩子闹脾气也许是因为父母没弄懂孩子真正的想法等。因此,父母不可只看表面、简单地解决表面问题。不论孩子犯了什么错,父母都应该先问问孩子,弄清楚孩子行为背后的原因,再有针对性地进行处理。

3. 不要轻易、随便处罚孩子 当孩子出现行为问题时,父母不要通过打、骂、指责孩子来解决问题,而应通过孩子喜闻乐见的方式教育孩子。父母可以向孩子表明自己的态度,就事论事,明确指出孩子的错误,然后跟孩子说出自己的期望,也可以告诉孩子怎么弥补或改正错误,让孩子知道自己错了并能努力改正就好了,不要随便惩罚孩子。惩罚不仅不能让孩子好好反省自己,还可能会伤害孩子的自尊心。从长远来看,惩罚对孩子的发展与成长是弊大于利的。

4. 全面考虑孩子生活环境中的安全隐患 孩子自己不知道什么是不安全的、危险的,父母有责任和义务为孩子提供一个安全的生活环境,不管是物理环境还是心理环境。大部分父母都能做到规避一些明显的、大的安全隐患,例如,把刀、剪刀等一些危险物品放在孩子接触不到的地方,家里一些重物的摆放注意不会砸到孩子,等等。但有时候往往会忽略一些小的方面,例如,桌椅的四角会不会太尖锐,药品、洗衣粉等物品的摆放是否合理,床会不会太软容易陷进去,有什么东西可能会引起孩子过敏(尤其是一些不太常见的过敏源,如灰尘、毛),等等。

 **自我反思**

1. 你有没有类似的经历?
   _____
   _____
   _____

2. 对此你有哪些不同的观点?
   _____
   _____
   _____

3. 你有哪些更好的办法来解决类似问题?
   _____
   _____
   _____

明天再看
——让孩子学会等待

小语3岁以前,我很少给她看电视,偶尔看的也都是播放时间很短的光盘,播放结束时就自动停止。这时小语会很主动地关掉电视机,不会有多看一会儿的想法和行为。

随着一天天长大,小语渐渐发现电视里有很多很好看的动画片,而且电视机有存储和回看功能,看完一集还可以接着看下一集。于是她开始提要求:"妈妈,我要再看一集。"我表示同情但不同意:"电视很好看,真不舍得关掉,可看多了会影响视力。"小语见我不同意,就开始"讨价还价":"那我不看一集,就看一会儿好了。"我很平静地说:"现在不行,但你可以下次再看。"小语嘟着小嘴,还是不愿意关电视。我直接走过去,拿起遥控器把电视关了。小语"哇"的一声哭了。我坐到她的身边,轻轻地把她抱起。先生走过来说:"都说电视看多了会伤眼睛,有什么好哭的。"我说:"不要说她了,看不到自己喜欢的动画片,多难受啊!让她好好哭一下吧!"

过了一会儿,小语发现哭着没什么意思,就从我腿上滑下来,到一边玩玩具去了。她边玩边问:"我下次就可以看下一集了,是吗?"我说:"是的。"看到她像没事似地玩着玩具,我便到厨房做午饭去了。

过去了半个多小时,小语兴奋地跑过来:"妈妈,我要看电视。"我有点不耐烦地说:"怎么又看电视?"她歪着脑袋,诧异地说:"你不是说下次就可以看吗?现在就是下次了呀!"

我觉得我有必要坐下来好好地跟小语聊一聊,便停下了手里的活,拉着她的手一起坐在客厅的沙发上。"小语，我们一起来制定一个看电视的时间表，"说完我从茶几的抽屉里拿出一张纸和一盒水彩笔，"我们一起把时间表画出来吧。"小语看到可以用纸和水彩笔来制定时间表，觉得很新奇，便欣然答应了。我和她商量的结果是：周一到周五，每天看一次，时间定在晚饭后；周末可以看两次，分别在早饭和晚饭后。每次只能看一集。看到图文并茂的时间表，小语很喜欢，也表示愿意遵守。

就这样"风平浪静"地过了一个多月。突然有一个周末，小语看完第二次电视之后，意犹未尽地对我说："妈妈，我要再看一会儿'朵拉'的电视。"最近小语十分迷恋"朵拉"的电视。我说："你如果现在多看一会儿，那明天的两次机会就会被取消。你是选择现在看，还是等待？"小语想了想说："那我还是等待吧！"

现在小语有时还是会忍不住提出"要多看一会儿"的要求，但用不着我回答，因为紧接着她会自言自语地说："不过今天我已经看过了，明天再看吧！"

故事分析

　　学会等待的能力实际是一种自我延迟满足能力，这是一种心理成熟的表现。具体来说，它是专指一种甘愿为更有价值的长远结果而放弃即时满足的抉择取向，展示的是自我控制能力。

　　故事中，最初小语在光盘播放结束后没有产生继续观看的欲望，这是因为光盘时长较短，没有新的诱惑刺激出现。后来她发现了电视机有回放和存储功能，电视的诱惑能够持续刺激小语，这让她难以抵挡眼前的诱惑而不愿等待。妈妈对小语提出"下次再看"的要求。小语在哭了一会儿后，自己到一边玩玩具去了，这是小语将注意力从诱惑物上转移开的结果，有利于小语维持等待状态。后来小语又跑来要求看电视，此时妈妈也意识到了，自己对小语的要求不够具体，"下次"的界定太模糊了，以至于这一规则并没有起到多大的作用，要想让小语养成等待的习惯必须要制定更具体的要求。于是她决定和小语共同制定一个时间表，之后确实也产生了较好的效果。这主要是因为时间表是妈妈在征求和询问了小语的意见后制定的，而不是妈妈强加给孩子的，这更容易被小语接受。时间表制定后，妈妈严格要求小语，让小语明白如果今天多看一集，明天就会没得看了，所以为了之后的长远利益，她愿意等待。

培养孩子的自我控制能力是一个漫长的过程，有时候小语还是会提出多看一集的要求，但是她通过自己言语指导来延长自己等待的时间。可见，小语已经慢慢地获得了自我控制的能力。

给爸爸妈妈的教育建议

等待是一种美德，是一种文明。学会等待，孩子才能更有耐心和韧性，才能学会尊重和谦让，才能获得一种秩序感。因此，父母要注重对孩子自控能力的培养，学会等待。

1. 对孩子的要求要具体而明确　在内容上，父母对孩子提出的要求要具体、明确，尤其是在幼儿初期。在制定要求的方式上，父母需要与孩子共同参与，给予孩子一定的自主选择权，与孩子通过协商的方式来共同制定一份规则。孩子在其中扮演的是决策者和参与者，这会让孩子更乐意接受这些规则。

2. 坚守原则，严格要求　让孩子学会等待并不是一件容易的事，孩子常常难以坚持，甚至以哭闹的方式来表示不满。这时父母一定要冷静对待，态度坚决，不能放弃原则，必须让孩子明白不是所有自己想要的都可以立即满足。当孩子发现哭闹并不能够解决问题时，他会尝试遵守父母提出的要求，要么等待，要么通过付出努力得到想要的东西。

3. 适当给予鼓励和表扬　孩子获得自我延迟满足能力是一个漫长的过程，父母应该在孩子的能力获得一个阶段的进步后，及时地予以明确的表扬。需要注意的是，表扬要言之有物，指出孩子哪些具体行为值得鼓励，并且也可以适当地给予其他的奖励，强化孩子的良好行为。

4. 注意言行，做好榜样作用 家庭环境对孩子品性的形成有着重要的影响。父母平时做事情的态度会对孩子产生很重要的影响，孩子的模仿能力很强，所以父母要注意自己的言行举止，要求孩子做到的事情，父母自己也必须做到。比如，想让孩子少看电视，自己就不可以整天待在房间看电视、玩手机。

自我反思

1. 你的孩子是否出现过不愿等待的行为？
_____
_____

2. 当孩子出现不愿等待的行为时，你是怎么做的？
_____
_____

3. 你自己是否曾表现出不愿等待的情况？
_____
_____

坏爸爸
——给孩子选择的机会

故事分享

懿莹在玩堆积木的游戏,爸爸过来说:"懿莹,快九点了,明天还要去幼儿园上学呢,快点睡觉。"懿莹说:"再玩一下嘛。"十分钟过去了,爸爸又过来说:"懿莹,快点去睡觉。"懿莹说:"老是要我睡觉,我想再玩一下嘛。"爸爸生气地说:"老是不听话,那就随便你。明天早上起得晚了,爸爸就去上班,没办法等你了。"懿莹大哭起来,边哭边喊:"坏爸爸……"

这样的情形在懿莹的成长过程中经常可以看到。当懿莹专注地做一件事时,我们去打扰她,要求她做另一件事,她就会发脾气、哭闹。于是,我一直思考,到底该怎么做才可以让懿莹不再"执拗"呢?我发现,对懿莹来说,如果我们适当地给出选择,她发脾气的情况就会适当减少一些。因此,与爸爸沟通后,我们现在改变了方式,在给懿莹提要求时,给她提供一些选择,她反而更容易接受了。

例如,在动物园里,懿莹对爸爸说:"爸爸,我现在不想回家,我想再玩一会儿。"以前,爸爸会说:"我们现在就得走。"然后懿莹就会抓住动物园的门,一边哭一边说:"我就不想回去嘛,你这个坏爸爸……"一次本该美好的动物园之旅就在孩子的哭声和爸爸的大吼声中结束了。现在,爸爸会说:"我看出来你好喜欢这只猴子,想多陪它一下。但是现在时间有点晚了,最多只能再看几分钟,可是如果我们下次再来的话,可以看一个下午呢。"懿莹说:"爸爸,我们下次再来看它吧。"然后她对猴子说:"我下次来陪你久一点,还带香蕉给你吃哦!"

故事分析

在这个故事中,懿莹的爸爸起先常常用"不""你现在必须……"等命令的语气来要求懿莹怎么做、做什么,当懿莹"不听话"时,进而用"你再不……我就……"等话语威胁、恐吓孩子。这种强硬的方式招致孩子的不满与反抗,冲突常常以孩子的哭声和爸爸的大吼声收尾。懿莹的爸爸没有考虑到孩子当下的兴趣与情绪,只是自己认为应该怎么做,就要求孩子按照他的想法去做。后来,懿莹的父母慢慢总结经验,改变了方法,不再硬性要求孩子必须怎么做,而是采用一种温和、民主的方式,给孩子分析情况、提供选择,给孩子一定的选择权利。这样做是尊重孩子、理解孩子。在轻松的氛围下,懿莹接受父母的要求就乐意多了,也不再随意发脾气。

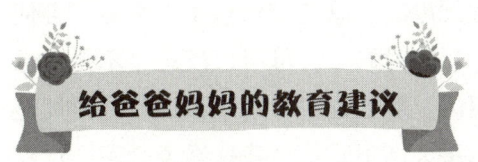

给爸爸妈妈的教育建议

1. 用比强硬的要求和命令更有效的方法 当父母以高高在上的姿态命令孩子做什么时,孩子是不情不愿的,甚至会对父母的要求反感,这时可以试试其他的方法。

第一,提示。例如,逛超市的时候,孩子总想买更多的玩具。当孩子问:"我能买这个玩具吗?"父母可以用"买了这个玩具,我们只能走路回家了"来代替"不可以,你已经有很多玩具了,买那么多玩具是浪费"。

第二,用"好"代替"不"。例如,孩子说想去浇花,父母可以用"好,当然可以,如果你答应我不把衣服弄湿的话"来代替"不行,这样很容易把衣服弄湿,很麻烦"。

第三,描述后果。例如,孩子说:"妈妈,我想吃路边的羊肉串。"妈妈可以告诉他:"羊肉串香喷喷的,看上去是很好吃。可是吃了不卫生的食物可能会拉肚子,会头晕呕吐。"这样既表达了你对这件事情的看法，又让孩子自己知难而退。

第四，分析。例如，孩子说："我想去朋友家吃饭。"父母可以这样跟他说："让我们想想，现在快 12 点了，可是我们没有提前和你的朋友说你要去他家吃饭，他家可能只煮了自己家吃的饭。等我们下次提前说好，再去吃怎么样？"

2. 从自己身上找原因 孩子不听话、闹脾气的时候，父母的第一反应可能是"这孩子怎么这么不听话""这孩子就是喜欢和大人对着来""这孩子怎么这么不懂事"……有的父母总觉得自己是对的，孩子如果不按照自己说的做，就是不听话、不懂事。但他们没有思考过：父母认为对的不一定就是对的；父母让孩子做的可能是孩子不想做的；父母认为必须做的不一定非得做。大人有大人的节奏，孩子有孩子的节奏，孩子不一定要按大人的节奏来。也就是说，不要因为孩子小，很多都不懂，就觉得孩子应该一切听父母的，总是要求孩子怎么做，会使孩子产生不满乃至反感。孩子闹脾气的时候，父母可以反思是不是自己哪里做得不对，多从自己身上找原因。例如，"我刚刚讲话时的语气是不是太生硬了？""我的要求是不是太高了？""我这么说会不会没顾及孩子的感受？"

3. 相信孩子有判断、选择的能力，并给孩子提供机会 有很多父母认为孩子小、不懂事，就认为他们什么都不懂，然后什么都代劳。其实孩子比我们认为的聪明、懂事多了，只是很多时候父母没有给孩子自己做判断、选择的机会，或者是因为父母提供的选择太多了，孩子无从选择。例如，降温了，父母可以让孩子自己选择要不要加衣服，或者是让孩子选加牛仔外套还是夹克。让孩子自己判断与选择，是发展其自立、独立能力的关键。

自我反思

1. 你有没有类似的经历？

---

2. 对此你有哪些不同的观点?
   _____
   _____

3. 你有哪些更好的办法来解决类似问题?
   _____
   _____

小熊该放哪
——引导孩子为自己的行为负责

故事分享

女儿4岁，算是乖巧听话的孩子，但她跟大多数独生子女一样，也会以自我为中心，常常也会出现"任性"的情况。

一次，爸爸陪女儿在客厅玩玩具。不一会儿，我就听到了爸爸的训斥声："把玩具弄倒一地不收拾，还发脾气！"然后听到女儿委屈的声音："都是妈妈把我的小熊放到这里，我不要它放到这里。"我愣住了。前两天我看到女儿的玩具乱放，顺手就帮她收拾好，没想到这成了我的不是。我决定利用这个机会培养她自己收拾玩具的耐心。

我马上从厨房来到客厅，先让爸爸离开，然后蹲下来一边帮女儿擦眼泪，一边轻声问："怎么回事？"

女儿抽泣着说："我想找小熊玩具，怎么找都找不到，最后发现它在这个盒子里。它不是放在这里的，我不喜欢它在这个盒子，然后我就弄倒了。"

"对不起，妈妈乱动了你的玩具。你原谅妈妈吧，好吗？"为了平复女儿的心情，我先赔了个不是。

"你下次再也不要这样了。"没想到女儿还得寸进尺了，我哭笑不得。"好。但是我这么做是有原因的。我看到小熊躺在墙角几天了都没有人理它，它好可怜哦。谁是小熊的主人呢？"

"我……"女儿怯怯地说。

我："你是不是应该保护它呢？"

女儿："嗯。"

我:"那你有没有保护好它?"

女儿:"没有。"

我:"那就是啊,本来应该由你来保护它的,但是你没有保护好它,它在那里多可怜,我就帮你放好啊。"

"谁叫你放在这个盒子里。"女儿没明白我的意思。

我:"如果你收拾好了小熊,我就不会把它放到这个盒子,对不对?保护好自己的玩具是你的责任对不对?"

"嗯。"女儿好像认同了。

我:"那你以后自己把玩具收拾好,自己又找得到,好不好?"

"好。"女儿这次听懂了,慢慢开始收拾地上的玩具了。

我松了一口气,马上肯定了女儿的行为。回头想一想,要是当初没压住火气,跟爸爸一起指责女儿,那还指不定要僵持到什么时候。

故事分析

4~5岁,正是孩子感受规则的意义、学会遵守行为规范的关键时期。在成人的提醒下,孩子应该懂得爱护玩具和其他物品,接受了任务之后要努力完成。

故事中,孩子发脾气把玩具弄倒在地,受到了爸爸的训斥,但她并不觉得自己做错了,而是认为是妈妈把小熊放在了不正确的位置上,是妈妈的错,所以感到委屈。弄清女儿发脾气的原因后,妈妈没有立刻和爸爸一起批评女儿错误的行为,而是先蹲下来为女儿擦拭眼泪,并承认自己的错误,这顺应了女儿的思维,平复了女儿委屈的情绪,使她不会抵触,能够接受进一步的沟通。接着,妈妈通过移情将女儿带入"小熊主人"这一角色,引导女儿意识到自己的责任,承认了"没有保护好它"的过失。随后,妈妈强调了"自己把玩具收拾好,自己又找得到的"的规则,女儿心领神会,开始收拾玩具。最后,妈妈及时肯定、强化了女儿的这一行为。这时,不能随意摆放玩具的规则意识已经在孩子脑中悄悄建构起来了。

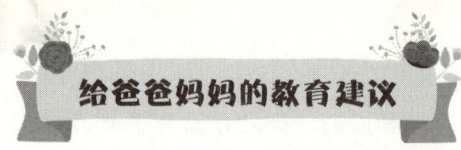

给爸爸妈妈的教育建议

1. **缓和孩子的情绪后再沟通** 当孩子犯错后情绪反应激烈、言语冲动的时候,父母要先缓和孩子的情绪,等孩子冷静后再进行下一步沟通。要注意的是,在引导孩子承认错误的同时,父母也应该让自己保持冷静状态,站在孩子的立场,让他把自己的想法表达清楚,再针对他的想法采取相应的策略,引导他承认错误,同时应就事论事,并允许孩子犯错误,告诉他改了就好了。不要偏离出错这件事去指责孩子,更要避免打骂孩子,一味地责骂只会适得其反。父母还要保持教育的一致性,在孩子面前争执,只会让问题偏离,丧失对孩子教育的最佳时机。

2. **和孩子玩有规则的游戏** 父母可以经常和孩子玩有规则的游戏,遵守共同约定的游戏规则,并让孩子参与到规则的制定中,使孩子有一种使命感,更加重视规则,杜绝耍赖的行为;还可以利用实际生活情境和图书故事,向孩子介绍一些必要的社会行为规则,以及为什么要遵守这些规则。很重要的一点是,要及时对孩子违规的行为进行纠正,并肯定孩子遵守规则的行为。肯定的方式不一定需要多么丰厚的奖励,可以是一个拥抱、一个亲吻或是口头上的鼓励,让孩子感受到父母对自己行为的积极态度。

3. **为孩子树立良好的榜样** 父母只有自己遵守社会行为规范,才能为孩子树立良好的榜样。比如看完书后放回原处、见到客人主动打招呼等,这些细小的行为都会影响到孩子规则意识的养成。平时还可以经常给孩子分配一些力所能及的任务,要求他完成并及时给予表扬,培养他的责任感和认真负责的态度。

4. **持之以恒,始终如一** 规则意识、良好习惯、责任感的培养都不是一蹴而就的,需要持之以恒。在这一过程中,孩子常常出现反复的情况是非常正常的。父母对孩子的要求要始终如一,不能放宽要求,让他能坚持完成自己的任务,意识到不能半途而废。因为规则内涵中最重要的就是执行,如果不坚定地执行,规则就失去了意义,这需要父母付出耐心与努力。

 自我反思

1. 你有没有类似的经历?

_____

_____

2. 对此你有哪些不同的观点?

_____

_____

3. 你有哪些更好的办法来解决类似问题?

_____

_____

不玩手机了
——远离电子设备，享受亲子时光

故事分享

光阴似箭，日月如梭。一转眼儿子就快6岁了。

随着手机游戏、微信的兴起，我们夫妻俩爱上了玩手机，大部分空闲时间都泡在手机上了。儿子看到我们玩手机玩得那么投入，也对手机产生了兴趣，在我们不玩时，他就拿来乱按。一段时间后，他把我玩的联网打飞机游戏找了出来，后来又用我的手机下载了其他的游戏，玩了几天后居然玩出了不错的成绩，连我网上的很多朋友都输给了他。儿子喜欢上了玩手机游戏，每天都要玩两盘，并且向我们提出做100道围棋题就要玩一盘游戏的要求。我们意识到儿子玩手机已经有点上瘾了，如果继续让他玩将更加难以戒除，而且玩手机时间太久对眼睛不好。我们决定改变这种现象。

经过商量，我们找出了问题所在：儿子玩手机是由我们玩手机引起的。要想改变这种现象，我们必须以身作则，不玩手机，这样儿子才能做到不玩手机。晚饭后，我们一家三口回到房间，儿子就打开电脑做围棋题。我们没有像平时那样坐下来玩手机，而是拿起书本静静地看。等儿子做好围棋题，看见我们都在看书，觉得我们有点反常，问我们为什么不玩手机了。我们夸张地说玩手机令我们看东西很模糊，并及时把玩手机的坏处都告诉了儿子，然后征求儿子的意见："既然手机对我们眼睛的伤害这么大，我们家以后都不玩手机了，好不好？"儿子说好。我们继续讨论，并且制定了规则，谁玩手机就要送给另外两人礼物。从那天晚上开始，我们在他面前真的没玩过手机了。如今几个月过去了，儿子再也没碰过我们的手机。

从这件事情上，我们深切地体会到，大人给孩子制订规则，大人一定要以身作则，说出的事情就要做到，给孩子做好榜样，孩子就会乐意跟我们一起遵守规则。

故事分析

在这个故事里，父母行为的榜样作用是很明显的。起初，父母投入地玩手机行为起了消极的榜样作用，让孩子觉得玩手机是家庭里的日常必需活动，于是也模仿起父母玩手机游戏。父母最初没有注意到这一点，结果孩子迷恋上手机游戏。幸好，父母及时发现了问题的根源所在。在找到根源后，父母果断采取措施，与孩子共同制订不玩手机的家庭规则，并以身作则，让孩子明白规则是大家都要遵守的，为孩子树立了良好的榜样。孩子在理解规则和参与制订规则的情况下，心甘情愿遵守规则，远离了玩手机带来的危害。

给爸爸妈妈的教育建议

孩子长时间使用电子设备，会对视力造成严重危害。即使允许孩子玩，也应该控制在合理时间范围内，并且有父母陪同。

首先，在家庭教育中，父母想要孩子遵守基本的行为规范，需要自己为孩子树立良好的榜样。父母要以身作则，养成良好的行为习惯，摆脱对手机的沉迷，更多地关注和陪伴孩子。孩子在心情愉悦的情况下，会对父母形成依恋感，从而减少空虚感，也就会减少对手机游戏的痴迷。

其次，在发现孩子出现了行为问题时，父母应当立即采取措施，使危害降到最低，但不可以强制、粗暴地对待孩子，否则孩子会产生疑惑，不理解为什么玩手机会让父母如此生气，从而产生抗拒心理。父母可以先耐心地给孩子解释玩手机的危害，转移孩子的注意力，帮他把兴趣转到其他事情上去。需要特别注意的是，此时父母双方的意见应该达成一致，否则会降低规则的执行效力，造成孩子在不同人面前有不同的表现。

最后，在执行规则时，父母一定要坚持，给孩子做好榜样，避免出现"只许州官放火，不许百姓点灯"的情形。父母可以利用自身的榜样作用，吸引孩子的注意力，帮助孩子改正自己违反规则的行为，促进孩子遵守规则，养成良好的规则意识。

自我反思

1. 你有没有类似的经历？
   _____
   _____

2. 对此你有哪些不同的观点？
   _____
   _____

3. 你有哪些更好的办法来解决类似问题？
   _____
   _____

我也要画
——正确对待孩子的"捣乱"行为

故事分享

今年上半年临近期末的那段时间，我每天忙得像个不能停歇的陀螺。当时月月还没有上幼儿园。

一次综合测试后，因为第二天就要评讲试卷，我只能将工作带回家。一回到家，我就跟月月说："今天晚上妈妈要工作，你不能捣乱哦！"晚饭后，我开始批改试卷。不到5分钟，月月就来了。他好奇地问："妈妈，你在画什么？"我温柔地告诉他我在批改试卷，然后他兴致勃勃地找来一支彩笔，要像我一样在试卷上"画"，这个要求自然被我拒绝了。我拿给他一张纸，让他自己在纸上随意地画，我改我的试卷。

不一会儿，电话铃响了，我起身去接电话，也没来得及收拾试卷，回来的时候就见月月在试卷上很用力地画线，试卷几乎要被线条劈开。情急之下，我大声地阻止他："告诉你别动！"他愣了一下，接着便委屈地大声哭喊着："你不是也画了？你吓死我了！"接下来，月月像一只发狂的小狮子，把桌上的试卷揉成一团，并且咬牙切齿地瞪着我。

我意识到自己的错误，于是赶紧去抱他，他像只倔强的小牛犊一样挣扎着不让我抱。我向他道歉，告诉他妈妈错了，不该那么大声，妈妈是因为着急了，所以不自觉地声调变高了。他开始放松下来让我抱，同时哭声也更大、更加委屈。我让月月坐在我的腿上，边摸着他的头边跟他讲妈妈为什么会那么紧张试卷，也再三道歉。他释放了心中的委屈后安静了下来。我看着他，跟他约定我们任何时候有话要好好说，我不会再这么大声地对他说话，同时也告诉他为什么妈妈不允许他在试卷上"画画"，妈妈与他画的不同在哪里。他似懂非懂地点点头。

故事分析

在这个故事中,忙碌的妈妈一开始就告诉月月自己要工作,希望月月不要来捣乱,可是孩子还小,不理解妈妈的意思,不明白妈妈在纸上"画来画去"就是在工作。月月正处于对许多事情充满好奇的阶段,也想像妈妈一样在纸上"画画"。虽然妈妈给月月提供了白纸,但他不明白妈妈拿给他的纸和妈妈自己画的纸有什么不同,更不知道自己的行为对于妈妈来说是捣乱,所以妈妈的大声训斥让他觉得很委屈。

月月的妈妈在一开始没有控制好自己的情绪,这是不合适的。但是她意识到自己的错误,对月月进行安抚、解释以及道歉的做法,是非常及时和正确的。

给爸爸妈妈的教育建议

1. **注意和孩子说话的语气、音量和态度** 不管父母有多么生气,都不应该对孩子发火、大声训斥孩子,这样会吓着孩子,让孩子不知所措。孩子有时候不能预知自己的行为所造成的后果,他们只是想试一试、玩一玩,并没有想要搞破坏。如果父母没能控制住自己的情绪,对孩子大发雷霆,孩子会受到打击,以后可能不敢再"惹"父母了。此外,孩子无法判断父母说的话是有意的还是情急之下脱口而出的,他们只能感知到父母的音量和愤怒的语气。不论是表扬还是批评,父母都应该用孩子能接受的音量和语气去说。

2. **找找自己的原因** "熊孩子"不是天生的,父母应该找找自己的原因:是自身脾气不好,潜移默化地影响了孩子?是培养方式不科学,不适合自己的孩子?是对孩子的关心与爱护不够,孩子想用一些比较特别的方式来吸引父母的注意?或是没有及时正视孩子的犯错,导致孩子得寸进尺?原因可能是方方面面、多种多样的。不管怎样,父母都应该及时找到根源,这样才能对症下药,帮助孩子改正。

3. 提前做好防范措施 对于活泼好动的孩子，父母如果不希望孩子影响自己做事，可以提前做好防范措施，先把孩子安排好。例如让孩子玩自己喜欢的玩具，和孩子说好："妈妈先陪你玩一会儿，但是待会儿妈妈做事的时候，你要自己玩，不要打扰妈妈做事。"也可以和家里的其他成员打好招呼，请他们看管好孩子。如果孩子坚持要和父母在一起，那么父母可以让孩子坐在旁边，他可以做自己喜欢的事情，但要保证不打扰大人的工作。

自我反思

1. 你有没有类似的经历？
   _____
   _____

2. 对此你有哪些不同的观点？
   _____
   _____

3. 你有哪些更好的办法来解决类似问题？
   _____
   _____

把书洗干净
——耐心对待孩子的"错误"行为

故事分享

5岁的儿子在用油画棒给他的涂画书涂颜色。过了一会儿,儿子从洗手间走出来,拿着一本湿漉漉的书给我看,沮丧地说:"我刚才涂颜色不小心涂到图案外面了,我想擦干净,就用手擦,可是越擦越脏,然后我就到洗手间把书洗干净,可是书还是洗不干净,还翻不开了。"那本吸足了水的书,书页都粘在一起了,被擦过的地方看起来快破了。我没有责骂儿子,而是先表扬他,知道东西脏了可以用擦和洗的方法清洁,但又告诉他,不同的东西清洗方法是不同的。书是用纸做的,书吸了水,书页就会粘在一起,很难再翻开,容易破,而且吸了水的书上的图画和文字慢慢会变得模糊,很难看得清楚,也不能再涂颜色了。

儿子说:"晾干它行吗?"

我说:"等它晾干可能要很长的时间,而且书的内页会粘在一起,再也翻不开了,一撕开就会破的。"

儿子又说:"拿去晒干它。"

我说:"如果就这样整本书晒,书的内页也会粘在一起,撕开也会破的。"

儿子说:"那就一页页晒。"

我说:"那可能也要晒很久,我们再想想有没有更好的办法。"

看到儿子实在想不出什么办法了,我就提议试试用电吹风吹干。我和儿子一起用电吹风小心、仔细地把书页一页页掀开、吹干。在吹书页的过程中,儿子发现用大档热风吹,书页很快就会被吹干,但会变得很硬，用小档冷风吹，书页没那么快被吹干，但明显没那么硬。用大档热风吹干的书页冷却后硬度会变得和小档冷风吹干的书页一样，这些被吹干的书页都比没弄湿的书页硬一些，还有些皱。

吹干书后，我又引导儿子发现用白色的油画棒涂在另一种油画棒的颜色上，能起到遮盖的作用。儿子原先用油画棒涂错的地方又脏又乱，当发现可以用白色遮盖后，儿子把涂错的地方全部用白色油画棒认真涂了一遍，发现画面果然整洁了。儿子开心极了。

故事分析

这个故事其实是一个"发现问题—探讨问题—解决问题"的过程。解决问题的过程是孩子探索知识的重要过程。孩子对知识的探索总是从问题开始的，通过不断地发现问题、解决问题达到提高认识、获取知识的结果。

故事中，孩子面对"涂颜色不小心涂到图案外面"的问题，先是用手擦，然后用水洗。对于成年人来说，这样的解决方式简直不可思议，因为蜡笔用手是擦不掉的，书是不能用来洗的。但是由于孩子的社会认知发展水平较低，对书、蜡笔这些物品的特性认识不足，所以他采取了洗、擦等这些日常生活中常见的解决方法。

妈妈对于孩子的这一行为没有批评和制止，反而先肯定孩子，表扬孩子知道清洗的两种方法，然后才告诉他不同的东西有不同的特性，清洗应用不同的方法，帮助孩子思考其他解决策略。此时孩子又分别提出了"晾干""晒干""一页页晒"的解决方案，妈妈分别对这些方案做出评价。妈妈的这个处理过程其实是为了让孩子获得独立思考问题、解决问题的能力。当孩子实在想不出别的解决办法时，妈妈进行了积极的引导，提议用电吹风吹。在这个过程中，孩子又开始了不断的探索之旅。他在对电吹风的使用中还了解到了电吹风的一些特性。最后，妈妈再次引导孩子发现白色油画棒可以盖住其他颜色，从而帮助孩子获得了问题解决的策略。

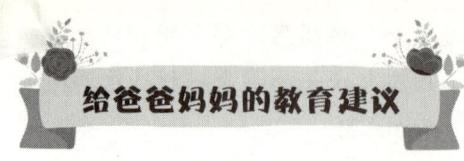

给爸爸妈妈的教育建议

提高孩子解决问题的能力是促进孩子身心发展的需要。目前有很多孩子是独生子女，父母将全部的精力都投入到这个唯一的孩子身上。当孩子遇到问题时，父母常常会包办代替，不给孩子自主解决问题的机会，这对孩子的身心健康发展是不利的。

1. **积极鼓励孩子** 孩子的信心和信念是解决问题的关键，只有树立坚定的信念，积极做出尝试，才有解决问题的可能。但是很多孩子会因为不知道怎么解决问题而逃避问题，所以父母需要对孩子给予支持和鼓励，让孩子意识到可以自己尝试解决问题，就算不成功也不会受到指责和批评。在这种轻松的氛围中，孩子能够更好地发挥解决问题的能力。

2. **遇到困难情境时适当放手** 孩子遇到困难时，父母不能直接否定孩子，认为他肯定做不到而包办代替。这不仅不能提高孩子的能力，反而会让孩子产生依赖心理，一遇到问题就找父母帮助。要想提高孩子解决问题的能力，必须要孩子亲身经历，父母要适当地放手，让孩子独立思考、独立解决问题。在这个探索解决问题的过程中，孩子才能获得深刻的认识。

3. **提供机会，适时锻炼** 当孩子产生对父母的依赖心理，不愿独立尝试解决问题时，父母需要为孩子创设一个问题情境，让孩子获得适时的锻炼，使其能力获得一定的提高。此时，父母需要让孩子自己去尝试解决问题，如果孩子寻求帮助，父母可以用提问的方式让孩子自己思考。如果孩子还是难以有所提升，父母可以进行一定的引导或是提出建议，让孩子参与讨论。

4. **教给孩子解决问题的预备知识和能力** 孩子的认知水平较低，缺乏生活经验，因此不能够正确理解问题的原因，也不知道该用什么方式去解决问题。父母应该教给孩子解决问题的预备知识。这些知识是解决问题的前提基础，是必不可少的。孩子了解了预备知识之后，解决问题的能力得到提高，就能在整个过程中获得成功的体验，体会到其中的乐趣，从而乐于去尝试解决问题。

自我反思

1. 你的孩子平时遇到困难时有哪些表现？
   _____
   _____

2. 读了这个故事后，你对培养孩子解决问题的能力有哪些新的看法？
   _____
   _____

3. 记录生活中一个孩子"发现问题、解决问题"的学习过程。
   _____
   _____
   _____

爷爷，对不起
——让孩子为自己的错误负责

儿子今年4岁。一天晚上，一家人坐在一起愉快地用餐。儿子吃完饭，便开始动来动去，结果把爷爷的汤碗弄倒了。碗碎了，汤洒了一地。孩子立刻抬头看着我，有点尴尬，貌似也在等待责罚。他应该是认为我会马上批评他，因为我已经跟他说过很多次"吃饭的时候好好吃饭，不要乱动"，可还是发生了这样的事。但我心里清楚，现在不管怎么批评他，事情也已经发生了。所以我没有立刻批评他，而是叫他和我一起把地上的碗和汤清理干净，先让他明白自己的错误自己要承担后果，一个人要为自己的行为负责。

晚饭过后，我找儿子聊起了这件事。我问他："刚才那件事你觉得自己做得对吗？"他羞涩地摇摇头。"哪里不对？""我不应该在吃饭时不好好吃饭。"我接着说："好，明白了自己哪里做错了，以后就不要再出现这样的错误。既然不对，那你最对不住的是谁？"他不说话。我说："你把爷爷要喝的汤弄洒了，耽误了爷爷吃饭。是不是最对不住爷爷？快去给爷爷道歉。"他看着我，不动。我又重复了两遍，他还是不动。我心里清楚，如果我今天硬逼着他去道歉，他可能会去，但如果心不甘情不愿地道歉，那道歉又有什么意义呢？还会伤害我们母子之间的关系。但我又必须让孩子知道做错了事要敢于面对、敢于承认错误。于是，我试着换一种方式去和他沟通。我对儿子说："宝贝，今天这件事你承认你做错了，妈妈希望你能勇敢面对自己的错误，我很希望你能去给爷爷道歉，但到底要不要道歉你自己决定。"儿子想了一会儿，主动走到了爷爷面前，大声地说了句："爷爷，对不起。"

故事分析

在这个故事中，妈妈对待儿子犯错的处理方式是较为理性、科学的。在儿子把爷爷的汤碗弄倒后，妈妈并没有立刻责罚孩子，因为她从儿子的表情中看出儿子已经意识到自己的错误了，她只是叫儿子和她一起收拾残局，这样做其实是给儿子留面子，同时也是在用行动告诉儿子要"为自己的行为负责"，也给了孩子一些反思的时间。晚饭过后，妈妈才和儿子聊起这件事，给了双方一个时间上的缓冲，这样双方的情绪都已经比较平静了，这时候再来处理是比较合适的。妈妈叫儿子去给爷爷道歉，儿子不愿意去，最后，妈妈没有强迫儿子一定要马上向爷爷道歉，而是换了一种方式来表达自己对儿子的期望，并把决定权交到儿子手上，让儿子自己选择，最后儿子自愿向爷爷道歉了。

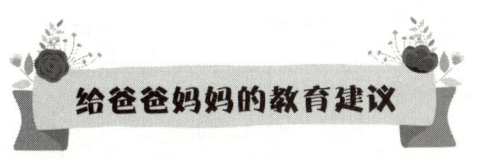

给爸爸妈妈的教育建议

1. 尽量避免惩罚的方式 当孩子犯错的时候，很多父母的第一反应就是责备或惩罚孩子："你怎么就是说不听，跟你讲了多少次了，还是这样。""这么简单的事你都做不好。"其实，这样做不会有什么效果，甚至还可能会有反作用。对待犯错误的孩子，我们只要让他知道自己的错误就好了，尽量避免惩罚，因为惩罚实际上是在剥夺孩子对错误行为自我反省的过程。父母可以采取一些其他方法来代替惩罚，可以请孩子帮忙，例如孩子把汤洒了一地，可以请他帮忙一起收拾；可以明确表达自己不同意的立场，但不攻击孩子的人格，例如孩子吃饭的时候动来动去，父母可以表明自己不喜欢这样的行为，因为这样的行为会影响其他人用餐；可以表明期望，例如对孩子说"妈妈希望你吃饭的时候保持安静，不影响他人"，然后告诉孩子怎样弥补自己的过失；等等。

2. 给自己和孩子缓冲的时间 在问题发生时去解决问题可能不会有太好的效果，因为此时人的情绪相对来说是比较激动或冲动的，人在不那么理性的状况下，不太能控制好自己的言行。如果父母给自己和孩子一个缓冲的时间，双方都可以冷静下来，也有时间去思考和反省，这时父母再进行批评教育，孩子会更容易接受。

3. 不要强调孩子的错误 当孩子已经意识到自己的错误时，不要再去强调他的错误，给孩子一个台阶。很多时候，孩子犯错了，他们自己其实是知道的，只是出于种种原因（比如害羞、要面子等），没有马上承认错误、承担后果。这时候大人没有必要再揪着孩子的错误不放。不强调孩子的错误，也是尊重孩子的表现。

自我反思

1. 你有没有类似的经历？
   _____
   _____

2. 对此你有哪些不同的观点？
   _____
   _____

3. 你有哪些更好的办法来解决类似问题？
   _____
   _____

后　记

　　《3—6岁儿童学习与发展指南》（以下简称《指南》）提示了3—6岁儿童学习与发展的基本方向和一般规律，系统地描述了3—4岁、4—5岁、5—6岁每个年龄段儿童发展的典型表现，并提供了相应的给家长的教育建议。《指南》告诉了家长3—6岁的儿童是怎样学习的、应当学什么、怎样有效促进儿童的学习和发展。《指南》是一个有高度操作性、用于指导幼儿园教育和家庭教育实践的文件。《指南》的落实，就家庭教育而言，是要改变家长的错误育儿理念与方法。

　　为人父母，在教育孩子的过程中总会遇到种种问题：为什么孩子不愿在外人面前说话？为什么孩子不想与人分享？孩子与同伴吵架了怎么办？孩子犯错了怎么处理……家长遇到这些问题怎么办？如何处理和应对这些常见、难办而又不得不面对的问题？本书以故事分享、故事分析、给爸爸妈妈的教育建议、自我反思为框架，精选从广东省各地收集的家庭教育故事，由幼儿教育专家结合《指南》进行分析，为广大家长提出建议，谨以此与各位家长共同探讨，希望能让家长从中理解孩子的学习，有效地为孩子的学习提供帮助，真正把《指南》精神融入家庭教育之中。

　　本书由张博、尤登星主编。故事案例由深圳市宝安区机关二幼玉湖湾幼儿园、韶关市始兴机关幼儿园、潮州市绵德幼儿园、佛山市顺德区大良街道凤城幼儿园、广州市黄埔区广东省电力一局幼儿园、广州市越秀区广州市第二幼儿园、河源市和平县机关幼儿园、河源市和平县阳明实验幼儿园、河源市紫金县龙窝镇阳光幼儿园、惠州市大亚湾区海惠幼儿园、惠州市惠城区直属机关幼儿园、惠州市惠东县实验幼儿园、惠州市龙门县龙华镇幼儿园、惠州市龙门县永汉机关幼儿园、惠州市机关第一幼儿园、阳江市第一职业技术学校附属幼儿园、清远市连州市第四幼儿园、梅州市大埔县田家炳幼儿园、江门市蓓蕾幼儿园、江门市第一幼儿园、揭阳市惠来县鸣梅幼托乐园、揭阳市机关少霏幼儿园、阳江市阳春市教育实验幼儿园、高州市新垌镇中心幼儿园、茂名市信宜市幼儿园、阳江市第一职业技术学校附属幼儿园、梅州市直属机关幼儿园、云浮市郁南县春蕾幼儿园等幼儿家长提供。这些家庭教育故事经各位编委整理、修改后编入本书。各位编委对此做了大量的工作，包括案例的收集、筛选、修改等，在此一并表示感谢。

　　书中的内容分析和建议囿于编者的水平，难免存在疏漏，欢迎大家批评指正！

　　本书初稿完成之时，正逢广州遇到百年不遇的降雪，洁白的小雪花在空中飞舞。古谚"瑞雪兆丰年"，我们也期盼本书的出版如瑞雪般给各位父母带来清新的教育信息。

　　祝愿所有的孩子都拥有幸福、快乐的童年！

编　者
2016 年 1 月